Mediation im Arbeitsrecht

Schriften zum Arbeitsrecht und Wirtschaftsrecht

Herausgegeben von Abbo Junker

Band 21

PETER LANG
Frankfurt am Main · Berlin · Bern · Bruxelles · New York · Oxford · Wien

Britta Albrecht

Mediation im Arbeitsrecht

Individualarbeitsrecht und Betriebsverfassungsrecht

PETER LANG
Europäischer Verlag der Wissenschaften

Die Deutsche Bibliothek - CIP-Einheitsaufnahme

Albrecht, Britta:

Mediation im Arbeitsrecht : Individualarbeitsrecht und Betriebsverfassungsrecht / Britta Albrecht. - Frankfurt am Main ; Berlin ; Bern ; Bruxelles ; New York ; Oxford ; Wien : Lang, 2001
(Schriften zum Arbeitsrecht und Wirtschaftsrecht ; Bd. 21)
Zugl.: Göttingen, Univ., Diss., 2001
ISBN 3-631-38602-8

D 7
ISSN 1433-4666
ISBN 3-631-38602-8

www.peterlang.de

Diese Arbeit ist meinem Vater gewidmet.

Vorwort des Herausgebers

Konsensuale Streitbeilegung betrifft nicht nur die nationale und internationale Schiedsgerichtsbarkeit, sondern begegnet uns auch in den Formen der Alternative Dispute Resolution (ADR) und der Mediation. Das vorliegende Werk beschäftigt sich mit der Mediation auf dem Gebiet des Arbeitsrechts. Dieses Thema ist besonders interessant, weil es für das Arbeitsrecht bereits Optionen konsensualer Streitbeilegung gibt, die in anderen Rechtsgebieten nicht existieren. Zu nennen sind insbesondere die Güteverhandlung nach § 54 ArbGG und das Einigungsstellenverfahren nach §§ 76, 76a BetrVG. Auf der anderen Seite scheint im Kündigungsschutzrecht, dem streitträchtigsten Teilbereich des individuellen Arbeitsrechts, die strikte dreiwöchige Ausschlussfrist des § 4 KSchG einer vorgeschalteten Mediation entgegenzustehen. Vor diesem Hintergrund hat die Frage nach den Möglichkeiten und Grenzen privatautonomen Konfliktmanagements in Gestalt der Mediation im Arbeitsrecht besondere Brisanz. Obwohl es in den letzten Jahren eine umfangreiche Literatur zur Mediation allgemein gibt, ist der spezielle Anwendungsbereich der Mediation im Arbeitsrecht bisher noch wenig erforscht. Daher ist es außerordentlich verdienstvoll, dass sich Frau Dr. Albrecht mit sachkundiger Hand dieses Themas angenommen hat. Ich freue mich, dieses Werk der Fachwelt vorstellen zu können.

Göttingen, im Juli 2001

Professor Dr. Abbo Junker

Vorwort

Die vorliegende Arbeit wurde im April 2001 abgeschlossen und im Sommersemester 2001 von der Georg – August – Universität zu Göttingen als Dissertation angenommen.

Mein besonderer Dank gilt meinem Doktorvater, Herrn Prof. Dr. Abbo Junker für seine unermüdliche Betreuung und seine wertvollen Ratschläge. Seiner schnellen Durchsicht der Dissertation verdanke ich den zügigen Abschluß der Promotion. Weiterhin danke ich meinem Zweitkorrektor Prof. Dr. Jürgen Costede für die rasche Korrektur.

Ebenso möchte ich Frau Dr. Martina Benecke von Herzen für die inhaltliche und geduldige Auseinandersetzung mit meiner Arbeit danken.

Danken möchte ich vor allem auch meinen Eltern, Günter Albrecht und Frau Ulrike Albrecht, die mir jede Unterstützung während der Erstellung meiner Dissertation haben zuteil werden lassen. Für tatkräftige Hilfe danke ich außerdem Frau Imorla Brauns – Friedrichs, Frau Ellen Peuckert, meinem Freund Philipp Brauns und Frau Dr. Diane Westera.

Hamburg, im Juli 2001

Britta Albrecht

Inhaltsverzeichnis

Abkürzungsverzeichnis

a.A.	anderer Ansicht
Abs.	Absatz
a.E.	am Ende
a.F.	alte Fassung
AiB	Arbeitsrecht im Betrieb
Anm.	Anmerkung
AnwBl	Anwaltsblatt
AP	Arbeitsrechtliche Praxis
APS/	Ascheid/Preis/Schmidt: Großkommentar zum Kündigungsrecht
ArbGG	Arbeitsgerichtsgesetz
ArbNErfG	Gesetz über Arbeitnehmererfindungen
ArbSchG	Arbeitsschutzgesetz
Art.	Artikel
AÜG	Gesetz zur Regelung der gewerbsmäßigen Arbeitnehmerüberlassung
AuA	Arbeit und Arbeitsrecht
AuR	Arbeit und Recht
BAG	Bundesarbeitsgericht
BAFM	Bundesarbeitsgemeinschaft für Familienmediation
BB	Betriebsberater
BBiG	Berufsbildungsgesetz
Bd.	Band
BeschFG	Beschäftigungsförderungsgesetz
BeschäftigtenschutzG	Beschäftigtenschutzgesetz
BetrVG	Betriebsverfassungsgesetz vom 15.01.1972
BGB	Bürgerliches Gesetzbuch
BGBl.	Bundesgesetzblatt
BGHZ	Entscheidungen des Bundesgerichtshofes in Zivilsachen
BlStSozArbR	Blätter für Steuerrecht, Sozialversicherung und Arbeitsrecht
BRAK	Bundesrechtsanwaltskammer
BRAO	Bundesrechtsanwaltsordnung
BR-Dr.	Bundesdrucksache
BUrlG	Bundesurlaubsgesetz
BVerfG	Bundesverfassungsgericht
BVerfGE	Bundesverfassungsgerichtsentscheidung
bzw.	beziehungsweise

DB	Der Betrieb
Ders./ders.	Derselbe/derselbe
Dies./dies.	Dieselben/dieselben
d.h.	das heißt
DKK-	Däubler/Kittner/Klebe, Betriebsverfassungsgesetzkommentar
DÖV	Die Öffentliche Verwaltung
DRiZ	Deutsche Richterzeitung
EGZPO	Einführungsgesetz zur ZPO
EzA	Entscheidungssammlung zum Arbeitsrecht
f.	folgende
FA	Fachanwalt Arbeitsrecht
FAZ	Frankfurter Allgemeine Zeitung
ff.	fortfolgende
FS f.	Festschrift für
gem.	gemäß
GG	Grundgesetz
GK-	Gemeinschaftskommentar zum Betriebsverfassungsgesetz
GK-ArbGG	Gemeinschaftskommentar zum Arbeitsgerichtsgesetz
Grundz	Grundzüge
h.L.	herrschende Lehre
h.M.	herrschende Meinung
hrsg.	Herausgeber
Hs.	Halbsatz
i.S.d.	im Sinne des, der
i.V.m.	in Verbindung mit
JA	Juristische Arbeitsblätter
JGG	Jugendgerichtsgesetz
Jura	Juritische Ausbildung
JuS	Juristische Schulung
JZ	Juristische Zeitung
KSchG	Kündigungsschutzgesetz
LAG	Landesarbeitsgericht
LAGE	Landesarbeitsgerichtsentscheidung
MDR	Monatszeitschrift Deutsches Recht
MünchArbR/	Münchner Handbuch zum Arbeitsrecht
MünchKomm/	Münchner Kommentar zum Bürgerlichen Gesetzbuch
n. F.	neue Fassung
NJW	Neue juristische Wochenschrift
Nr.	Nummer
NZA	Neue Zeitschrift für Arbeitsrecht
RBerG	Rechtsberatungsgesetz

RdA	Recht der Arbeit
Rn.	Randnummer
- RR	Rechtssprechungsreport
Rspr.	Rechtssprechung
S.	Seite
SAE	Sammlung für arbeitgerichtlicher Entscheidung
SchwbG	Schwerbehindertengesetz
st. Rspr.	ständige Rechtssprechung
StGB	Strafgesetzbuch
str.	streitig
u.a.	und andere
v.	von
VersR	Versicherungsrecht
VGH	Verwaltungsgerichtshof
vgl.	vergleiche
Vorbem.	Vorbemerkung
WM	Wertpapiermitteilungen
ZfA	Zeitschrift für Arbeitsrecht
ZiP	Zeitschrift für Wirtschaftsrecht
ZPO	Zivilprozeßordnung
ZRP	Zeitschrift für Rechtspolitik
z.T.	zum Teil
ZZP	Zeitschrift für Zivilprozeß

Einleitung

Mit zunehmender Belastung der Gerichte häufen sich Diskussionen über außergerichtliche Streitbeilegungsmöglichkeiten und einer damit möglicherweise verbundenen Entlastung der Justiz[1]. In diesem Zusammenhang taucht vermehrt das Stichwort 'Mediation' als außergerichtliche Konfliktlösungsvariante auf[2]. Bei dieser Art der Streitlösung treffen die Streitparteien gemeinsam vor einer neutralen Vermittlungsperson zusammen, um über ihren Konflikt zu verhandeln[3]. Nachfolgend ein Beispiel aus dem individualarbeitsrechtlichen Bereich: Arbeitnehmerin A ist im Kleinbetrieb des B als Teilzeitsachbearbeiterin mit 20 Stunden pro Woche beschäftigt. Sie ist alleinerziehende Mutter und bringt täglich vor der Arbeit ihre Kinder zur Schule. Dies hat regelmäßige Verspätungen an der Arbeitsstelle zur Folge, für die B kein Verständnis zeigt, weil A nicht ihre vertraglich festgelegte Stundenzahl leistet. Aus diesem Grund erhält sie eine Abmahnung. A ist über die Abmahnung bestürzt und hat Angst vor einer Kündigung. Sie tritt mit B in Kontakt. Da beide Parteien grundsätzlich mit dem Arbeitsverhältnis zufrieden sind und dies generell aufrecht erhalten möchten, beschließen sie einen Lösungsversuch durch Mediation. B findet dabei Verständnis für die Lage der A und umgekehrt. A erklärt sich bereit, die durch die regelmäßigen Verspätungen versäumte Arbeitszeit einmal im Monat am Nachmittag nachzuholen. Schließlich halten A und B folgendes gemeinsam entwickeltes Ergebnis vertraglich fest: A holt die versäumte Zeit nach, dafür kann sie ihre Arbeit am Vormittag später beginnen. Beide Parteien sind durch die Lösung weitgehend zufriedengestellt, und ihr Arbeitsverhältnis ist zukünftig unbelastet. Oder im Betriebsverfassungsrecht: Der Arbeitgeber möchte eine betriebliche Verhaltensordnung erlassen, in der zum Beispiel private Telefonanrufe während der Arbeitszeit oder der Genuß von Alkohol untersagt ist. Der Betriebsrat, dem in solchen Fällen ein erzwingbares Mitbestimmungsrecht gem. § 87 I Nr. 1 BetrVG zusteht, kann sich nicht mit dem Arbeitgeber einigen. Beide beschließen deshalb, anstelle einer Anrufung der Einigungsstelle zu mediieren. Während der Mediation gelingt es den Parteien eine Übereinkunft zu erzielen, die als Betriebsvereinbarung erlassen wird.

---

1 Zum Beispiel: Blankenburg/Gottwald/Strempel, Alternativen zur Ziviljustiz; Duve, Anwalt 2/2001, S. 16ff; Frommel, ZRP 1983, S. 31ff.; Haft, Beilage 10 zu BB 1998, S. 15ff.; Hartmann, NJW 2000, S. 3745; v.Hoyningen-Huene, JuS 1997, S. 352ff.; Leep, Beilage 10 zu BB 1998, S.3; Leutheusser-Schnarrenberger, NJW 1995, S. 2441ff.

2 Vgl.: Breidenbach, Mediation- Struktur, Chancen und Risiken von Vermittlung im Konflikt; Breidenbach/Henssler, Mediation für Juristen; Duss-von-Werdt/Mähler/Mähler, Mediation- Die andere Scheidung; Frommel, ZRP 1983, S. 31; Gottwald, WM 1998, S. 1257ff; Henssler/Koch, Mediation in der Anwaltspraxis; Prütting, JZ 1985, S. 261ff.; v.Hoyningen-Huene, JuS 1997, S. 352ff.

3 Zum Begriff der Mediation § 1.

In der vorliegenden Arbeit wird untersucht, ob für Mediation im Individualarbeitsrecht und im Betriebsverfassungsrecht - zum Beispiel in den eben genannten Formen – Anwendungsbedarf besteht. Denn während sie sich bislang beispielsweise im Familienrecht etabliert hat, findet sie im Arbeitsrecht noch keine größere Beachtung[4]. Der erste Teil der Untersuchung befaßt sich mit Mediation allgemein, d.h. mit begrifflicher Erläuterung, geschichtlicher Entwicklung, Verfahren, sowie Vor- und Nachteilen der außergerichtlichen Vermittlung. Da Mediation sich in einem Grenzbereich zwischen Recht und Psychologie befindet, sind die Erörterungen, soweit nötig, in juristische und psychologische Gesichtspunkte unterteilt.

Der zweite Teil der Arbeit beschäftigt sich mit Mediation im Individualarbeitsrecht. Hier wird zunächst erörtert, ob die bereits bestehenden Konfliktlösungsmöglichkeiten den Bedarf an Mediation decken. Besondere Beachtung findet dabei das arbeitsgerichtliche Güteverfahren, § 54 ArbGG. Weiterhin wird untersucht, bei welchen individualarbeitsrechtlichen Konfliktsituationen Mediation eine effektive Alternative zu den herkömmlichen Lösungswegen sein kann. Dabei wird zum Beispiel geklärt, welchen Einfluß das arbeitsvertragliche Abhängigkeitsverhältnis auf außergerichtliche Vermittlung hat. Nach Darstellung der Einsatzmöglichkeiten von Mediation in individualarbeitsrechtlichen Konfliktsituationen wird untersucht, wie diese theoretischen Anwendungsmöglichkeiten praktische Bedeutung erlangen können. Es wird über die Zulässigkeit einer Mediationspflicht diskutiert.

Im dritten Teil geht es um Mediation im Betriebsverfassungsrecht. Hier wird untersucht, ob außergerichtliche Konfliktlösung neben den durch das BetrVG normierten Alternativen der Streitlösung zulässig ist. Des weiteren wird wie im zweiten Teil geprüft, ob die bereits vorhandenen Konfliktlösungsmechanismen den Bedarf an Mediation decken und ob Mediation zur Lösung betriebsverfassungsrechtlicher Konflikte effektiv sein kann.

---

4 Da über diese Tatsache keine statistischen Erhebungen bestehen, ist hier lediglich auf eine Information der Pressestelle vom DAV, sowie auf die einschlägige mediative Literatur zu verweisen (z.B. Prütting, in: FS f. Hanau, S. 743 (746), Schubert, AiB 2000, S. 524; Stevens-Bartol, in: Breidenbach/Henssler, S. 141ff.).

Teil I: Was ist Mediation ?

Im folgenden wird Mediation als Konfliktlösungsmethode in Rechtsstreitigkeiten beleuchtet. Nach der begrifflichen Definition und der Abgrenzung von Mediation zu Schiedsgerichtsbarkeit und Schlichtung wird die geschichtliche Entwicklung des Vermittlungsverfahrens erörtert. Besondere Beachtung finden dabei die USA, wo Mediation schon seit den sechziger Jahren praktiziert wird. Des weiteren wird das Mediationsverfahren konkretisiert. Es wird dargestellt, was unter Verhandlung im Sinne von Mediation zu verstehen ist und ob es bestimmte Eignungskriterien für die Teilnahme an Mediation und/oder ihr innewohnende Verfahrensgrundsätze gibt. Hierbei kommt dem sog. *Harvard-Konzept* besondere Bedeutung zu. In diesem Konzept wurden Prinzipien für eine sachgerechte Verhandlung aufgestellt. Es bildet unter anderem die Grundlage für Mediation. Schließlich wird die Rolle des Mediators erörtert. Er hat die Verhandlung zu führen und in Rechtsangelegenheiten zu beraten. Dabei wird die Rechtsprechung herangezogen, die sich bereits mit der Tätigkeitsbezeichnung ‚Mediator' befassen mußte. Außerdem wird untersucht, wie eine erfolgreich beendete Mediation, deren Ergebnis in einer Mediationsvereinbarung festgehalten wird, Rechtsverbindlichkeit zu erlangen vermag. In diesem Zusammenhang wird geprüft, ob eine Mediationsvereinbarung als Schiedsspruch mit vereinbartem Wortlaut gem. § 1053 ZPO oder als Anwaltsvergleich im Sinne der §§ 794 I Nr.4, 796 a-c ZPO gestaltet werden kann. Letztlich wird nach den Motiven für eine Streitlösung durch Mediation gesucht. Zu diesem Zweck werden ihre Vor- und Nachteile benannt, jeweils unterteilt in solche mit juristischem und psychologischem Bedeutungsgehalt.

§ 1 Begriff

Mediation hat ihren begrifflichen Ursprung im Lateinischen und bedeutet Vermittlung[5]. Sie wurde für die deutsche Sprache aus dem englischen Ausdruck *mediation* übernommen[6]. Mediation in Rechtsstreitigkeiten weist folgende Merkmale mit juristischem und mit psychologischem Hintergrund auf[7].

I) Definitionsmerkmale mit juristischem Hintergrund

Mediation ist ein formloses, beidseitig freiwillig[8] gewähltes Vermittlungsverfahren, mit dem gegenläufige Positionen in Einklang gebracht werden sollen, um

---

[5] mediatio-, mediationis.

[6] Breidenbach, AnwBl 1997, S. 135; Gottwald, WM 1998, S. 1257 (1260).

[7] Über die Schwierigkeiten einer 'brauchbaren' Definition vgl. Diez/Krabbe, in: Krabbe, S. 109.

[8] Duss-von-Werdt/Mähler/Mähler, S. 13; Gottwald, WM 1998, S. 1257 (1264/1265); Hehn, S. 8; Henkel, NZA 2000, S. 929 (931); Kraft, VersR 2000, S. 935; Mähler/Mähler, AnwBl 1997, S. 535 (536); Proksch, FamRZ 1989,

eine einvernehmliche Lösung zwischen den Parteien zu erzielen[9]. Im Einzelnen ist darunter folgendes zu verstehen: Die Streitparteien kommen vor einem neutralen Vermittler, dem sogenannten Mediator, zusammen. Dieser führt die Verhandlung, berät in rechtlichen Problemen, hat aber keine inhaltliche Entscheidungskompetenz bezüglich der Konfliktlösung[10]. Eine etwaige Lösung ist von den Parteien zusammen zu erarbeiten und in einer anschließenden vertraglichen Vereinbarung festzuhalten[11]. Die Öffentlichkeit ist bei der Mediation ausgeschlossen; es sind lediglich die Parteien, der Mediator und eventuell beratende Anwälte beteiligt[12].

II) Definitionsmerkmale mit psychologischem Hintergrund

Mediation basiert auf dem Grundsatz der fairen Verständigung zwischen den Beteiligten[13]. Sie ist inhaltlich vor allem zukunftsorientiert auf die Frage gerichtet, wie die Parteien in folgender Zeit konfliktfrei miteinander umgehen können[14]. Während der Mediation sollen die Parteien versuchen, sich als Partner und nicht als Gegner gegenüber zu stehen, damit sie vertrauensvoll miteinander verhandeln können[15].

S. 916 (920); Schöbel, JuS 2000, S. 372 (374). Zu der Frage, wie der Begriff der Freiwilligkeit zu verstehen ist, vgl. § 8.

9 Begriffsbestimmungen sind außerdem zu finden bei: OLG Hamm, MDR 1999, S. 836, Urteil vom 20.10.98-28 U 79/97. Breidenbach, in: Breidenbach/Henssler, S.1 ff; Duss-von-Werdt/Mähler/Mähler, S. 40; Duve, Beilage 9 zu BB 1998,
S. 15 (18); Eidenmüller, S. 1; Fischer-Zernin/Junker, Journ.int.Arbitration 1988, S. 21 (25); Groth/v.Bubnoff, NJW 2001, S. 338; Haft, Beilage 10 zu BB 1998,
S. 15; Koch, in Henssler/Koch, § 1; Mähler/Mähler, NJW 1997, S. 1262 (1263); dies., in: Beck'sches Rechtsanwaltshandbuch, C 8 Rn.1; Proksch, FamRZ 1989, S. 916 (920); Prütting, in: FS f. Hanau, S. 746; Risse, NJW 2000, S. 1614; Rüssel, NJW 2000, S. 2800 (2801); Sobota/Kracht/Michaelis, JA 1999, S. 261; Schulz, AnwBl 1994, S. 273 (274); Strempel, in Strempel, S. 12; Thau/Pusch, AuA 1997, S. 342 (343); v.Hoyningen-Huene, JuS 1997, S. 352.

10 Breidenbach, in: Breidenbach/Henssler, S. 1; Eidenmüller, S. 1; Mähler/Mähler, AnwBl 1997, S. 535 (537); Stadler, NJW 1999, S. 2479 (2483). In der Regel wird der Mediator einen Einigungsvorschlag unterbreiten, vgl. Grilli, AnwBl 1997, S. 533 (534).

11 Dazu unten, § 4.

12 Grilli, AnwBl 1997, S. 533 (534); Haft, Beilage 10 zu BB 1998, S. 15 (16); Kraft, VersR 2000, S. 935 (937).

13 Mähler/Mähler, in: Breidenbach/Henssler, S. 129; Proksch, in: Krabbe, S. 179.

14 Mähler/Mähler, in: Breidenbach/Henssler, S. 23; Risse, NJW 2000, S. 1614; v.Hoyningen-Huene, JuS 1997, S. 352 (354).

15 Mähler/Mähler, AnwBl 1997, S. 535 (536).

III) Mediation in Abgrenzung zu Schiedsgerichtsbarkeit und Schlichtung

Während Mediation von einem üblichen Gerichtsverfahren aufgrund der dortigen Entscheidungskompetenz eines staatlich eingesetzten Richters klar abzugrenzen ist[16], scheint sie der Schiedsgerichtsbarkeit und der Schlichtung zu ähneln, denn auch bei diesen Verfahren handelt es sich grundsätzlich um freiwillige Vorgehensweisen unter Zuhilfenahme dritter Personen[17]. Tatsächlich sind die Grenzen vor allem zu Schlichtungsverfahren zum Teil fließend[18]. Deshalb ist zu prüfen, ob Mediation tatsächlich ein eigenständiges Verfahren darstellt. Dazu wird sie im folgenden von Schiedsgerichtsbarkeit und Schlichtung abgegrenzt[19].

Schiedsgerichtsbarkeit	**Schlichtung**	**Mediation**
- Gesetzliche Grundlage, §§ 1025ff. ZPO. - Kommt zustande durch freiwillige Vereinbarung der	- Teilweise ordnen gesetzliche Vorschriften Schlichtungsverfahren an, z.B. § 111 II	- Grundsätzlich freiwilliges Verfahren; zumindest in Deutschland keine gesetzliche Rege-

16 Eine Gegenüberstellung von Gerichtsmodell und Aushandlungsmodell bei: Duss-von-Werdt/Mähler/Mähler, S. 40ff.; Gessner/Falke, in: Blankenburg/Gottwald/Strempel, S. 289 (292/293); Gottwald, WM 1998, S. 1257 (1269); Mähler/Mähler, AnwBl 1997, S. 535 (536); Passavant, DÖV 1987, S. 517/518; Richter/Schwartz, AuA 2000, S. 582. Außerdem Altmann/Fiebiger/Müller, S. 42.
Nach Henkel liegt in einer gerichtlichen Entscheidung stets eine Schuldzuweisung an die unterliegende Partei. NZA 2000, S. 929 (930). Henkel zeigt die Berührungspunkte von Mediation und dem klassischen Arbeitsgerichtsverfahren auf und macht Vorschläge, wie beide Verfahren voneinander profitieren können.

17 Zum weiteren Vergleich von Mediation zu anderen Verfahren, Prütting, JZ 1985, S. 261ff. Zur Abgrenzung der Mediation von Beratung und Therapie:
Duss-von-Werdt/Mähler/Mähler, S. 43. Weitere Abgrenzungen bei Proksch, in: Krabbe, S. 178. Ein Kostenvergleich von Schiedsgerichtsbarkeit, Meditation und Gerichtsverfahren bei Eidenmüller, S. 67.

18 Stevens-Bartol, in: Breidenbach/Henssler, S.144, der die tarifliche Schlichtung mit Mediation gleichsetzt. Ebenso Baumbach/Lauterbach/Albers/Hartmann, Grundz § 1025 ZPO, Rn.11. Kraft, VersR 2000, S. 935 (936); Risse, WM 1999, S. 1864 (1868).

19 Zum Vergleich von Mediation und Schiedsgerichtsbarkeit: Fischer-Zernin/Junker, Journ.int.Arbitration, 1988, S. 21ff.; Risse, WM 1999, S. 1864. Vgl. außerdem Walter, ZZP 103, S. 142ff.

20 Baumbach/Lauterbach/Albers/Hartmann, Grundz § 1025 ZPO, Rn.2.
Bei vereinbarter Schiedsgerichtsbarkeit durch Satzung ist jedoch Voraussetzung, daß derjenige, den die Satzungsnorm im Streitfall betrifft, bei der Abstimmung über diese Vereinbarung dafür gestimmt hat. BGH Pressemitteilung, Urteil vom 3.04.2000-II ZR 373/98. Ebenso Walter, ZZP 103, S. 142. Vgl. außerdem Prütting, Anmerkung zu BGH ZZP 99, S. 90ff,

Parteien, also z.B. durch Vertrag, aber auch durch Satzung[20].	ArbGG[21]. - Sonst rechtsgeschäftliche Einsetzung der Schlichtungsstellen, z.B. im Tarifvertragswesen[22].	lung[23].
- Schiedsrichter hat Entscheidungsgewalt und entscheidet durch Schiedsspruch[24].	- Schlichtung bedeutet die Beendigung eines Konflikts durch einen Dritten, der nach Darstellung des Sachverhalts einen Schlichtungsspruch fällt[25]. Die Kompetenz des Schlichters ist unterschiedlich regelbar. In der Regel können sich die Parteien im voraus dem Schlichtungsspruch unterwerfen oder ihn nachträglich annehmen. Es gibt aber auch Fälle, in denen die zwingende Wirkung eines Schlichtungsspruchs gesetzlich vorgesehen ist, z.B. im Fall des Einigungsstellenspruchs bei Tatbeständen der erzwingbaren Mitbe-	- Der Mediator hat keine Entscheidungskompetenz.

Urteil vom 23.11.82-VIII ZR 197/82.
Vgl. dazu Kröll, NJW 2001, S. 1173ff.

21 Vgl. § 6.

22 Vgl. Löwisch, Arbeitskampf und Schlichtungsrecht, 170.1, Rn.153ff.

23 Vgl. §§ 2, 8.

24 Schiedsgerichtsbarkeit bedeutet stets die zwangsweise durchsetzbare Entscheidung durch einen Dritten. Walter, ZZP 103, S.142.

25 Gessner, S. 90; Gessner/Falke, in: Blankenburg/Gottwald/Strempel, S. 289 (292); Langer, in: FS f. den dt. Arbeitsgerichtsverband, S. 465 (467); Söllner, ZfA 1982, S. 1ff.

26 Vgl. § 10. Die Schlichtungsstelle hat in erster Linie eine Einigung der Parteien zu versu-

	stimmung[26].	
Das Schiedsgericht entscheidet in erster Linie über Rechtsstreitigkeiten, d.h. über Konflikte, bei denen es um Feststellung oder Anwendung staatlich gesetzter Normen geht[27]. Dort handelt es sich zum Beispiel um die Frage, ob ein Anspruch besteht oder nicht.	- Schlichtung wird in der Regel eingesetzt bei der Lösung von Regelungsstreitigkeiten[28].	- Bei Mediation geht es um den Ausgleich von Interessen und deshalb um Regelungsstreitigkeiten[29].
- Die Verfahrensgrundsätze sind in groben Zügen gesetzlich festgelegt, § 1042 ZPO[30]. Gem. § 1042 II S. 1 ZPO wird das Verfahren sonst nach freiem Ermessen bestimmt.	- Die Verfahrensgrundsätze liegen je nach Art des Schlichtungsverfahrens im Ermessen der Parteien[31].	- Die Parteien bestimmen den Verfahrensablauf.
- Der Schiedsspruch hat gem. § 1055 ZPO die Wirkung eines rechtskräftigen Urteils.	- Die Wirkung des Schlichtungsspruchs hängt von der Art des Schlichtungsverfahrens ab. Bei Schlichtungsverfahren gem.	- Die Mediationsvereinbarung hat in der Regel die Wirkung eines privatrechtlichen Vertrages[32].

chen und erst in zweiter Linie eine Entscheidung zu fällen. Löwisch, Arbeitskampf und Schlichtungsrecht, 170.11, Rn.40; Walter, ZZP 103, S. 142 (146,155).

27 Kirchner, RdA 1966, S. 1 (2); Kissel, RdA 1991, S. 321 (324).

28 Gamillscheg, § 20, Nr. 2; Kirchner, RdA 1966, S. 1 (2); Kissel, RdA 1991, S. 321ff.; MünchArbR/Otto, § 286, Nr.1. Zum Beispiel: Tarifvertragsparteien streiten sich beim Abschluß eines Tarifvertrages darüber, ob die festzulegende Lohnerhöhung 4% oder 8% betragen soll. Weil sie sich nicht einigen können, rufen sie ad hoc eine Schlichtungsstelle zusammen, deren Spruch sie sich im voraus unterwerfen. Weitere Beispiele bei Gamillscheg, § 20, Nr.20.

29 Vgl. § 3.

30 Dazu Walter, ZZP 103, S. 142 (144).

31 Dies gilt zum Beispiel auch für die gesetzlich angeordnete Schlichtung nach § 111 II ArbGG. Vgl. dazu § 6.

32 Vgl. § 4.

	§ 111 II ArbGG z.B., findet nach S.6 die Zwangsvollstreckung Anwendung.	

Im Ergebnis bestehen nur wenig Ähnlichkeiten zwischen Schiedsgerichtsbarkeit und Mediation, denn das Schiedsgerichtsverfahren steht seinem Wesen nach dem staatlichen Gerichtsverfahren nah[33]. Auffällige Gemeinsamkeiten sind hingegen zwischen Mediation und rechtsgeschäftlich vereinbarter Schlichtung zu verzeichnen. Bei beiden Verfahren wird zunächst eine Einigung der Parteien versucht[34]. Scheitert eine Einigung bei der Schlichtung, legt der Schlichter bzw. das Schlichtungskomitee den Parteien einen Lösungsvorschlag vor, dem sie sich unterwerfen können[35]. Diese Einzelheit impliziert jedoch einen bedeutsamen Unterschied zwischen Schlichtung und Mediation: Während sich Schlichtungsparteien dem Schlichtungsvorschlag im voraus unterwerfen oder ihn im Nachhinein annehmen können, besteht bei Mediation keine derartige Möglichkeit. Der Mediator hat im Gegensatz zum Schlichter die alleinige Aufgabe der Vermittlung. Bei der Schlichtung versuchen die Parteien deshalb meist den Schlichter von ihrer jeweiligen Position zu überzeugen; ein solches Vorgehen ist bei Mediation zwecklos[36]. Mediation ist deshalb ein eigenständiges Verfahren, das nicht unter den Begriff Schlichtung subsumiert werden kann[37].

IV) Zusammenfassung

Mediation ist nach dem oben Gesagten ein freiwilliges Konfliktlösungsverfahren durch Vermittlung, welches sich in wesentlichen Teilen von Schiedsgerichtsbarkeit und auch von Schlichtung unterscheidet.

§ 2 Geschichtliche Entwicklung

Für eine umfassende geschichtliche Darstellung von Mediation müßte man weit zurückblicken, denn schon bevor geschriebenes Recht existierte, benutzte man Vermittlung durch Dritte als Konfliktlösung[38]. Für den Zusammenhang von Me-

33 Vgl. Walter, ZZP 103, S. 142 (144).
34 Löwisch, Arbeitskampf und Schlichtungsrecht, 170.11, Rn.40; Walter, ZZP 103, S. 142.
35 So zum Beispiel auch das Verfahren vor der Einigungsstelle im Rahmen von Streitigkeiten bei freiwilliger Mitbestimmung, vgl. § 10.
36 Haft, Beilage 10 zu BB 1998, S. 15 (16).
37 Ebenso: Haft, Beilage 10 zu BB 1998, S. 15; Kraft, VersR 2000, S. 935 (936); Proksch, FamRZ 1989, S. 916 (920); Richter/Schwartz, AuA 2000, S. 582; Risse, WM 1998, S. 1864 (1868); Schöbel, JuS 2000, S. 372 (374).
38 So beschreibt zum Beispiel Wesel in Jäger- und Sammlergesellschaften schon die Kon-

diation und rechtlichen Streitigkeiten der Gegenwart genügt jedoch ein Blick auf die Entwicklung der letzten Jahrzehnte. Während Mediation anfangs lediglich völkerrechtlich als Vermittlung einer dritten Staatsmacht zwischen zwei Staaten verstanden wurde[39], hat sie sich als Konfliktlösungsmittel in Rechtsstreitigkeiten seit den sechziger Jahren vor allem in den USA etabliert[40].

I) Mediation in den USA

In den USA[41] findet Mediation auf Anordnung des Richters nicht nur in nahezu allen zivilrechtlichen Konflikten, sondern auch im Strafrecht Anwendung[42]. Sie wird zum Beispiel dann eingesetzt, wenn es darum geht, einen einem Strafverfahren zugrunde liegenden Konflikt zu lösen[43]. Sie ist in den USA lediglich eines von mehreren außergerichtlichen Verfahren, die unter den Oberbegriff „Alternative Dispute Resolution“ (ADR) fallen[44]. Neben Mediation haben die Parteien dort noch die Wahl zwischen Schiedsgerichtsbarkeit (Arbitration), Minitrial, Settlement Conference u.a.[45]. Insgesamt unterscheiden sich die Verfahren jedoch nicht außerordentlich voneinander. *Minitrial* z.B. ist ein streitiger Vortrag von Argumenten und Beweisen durch Anwälte der Parteien vor einem neutralen Dritten mit anschließender Verhandlung[46]. Ziel des Minitrials ist ein Vergleichsschluß der

---

fliktlösungsmechanismen durch Diskussion unter Beteiligung eines Dritten, Wesel, Rn.14. Einige geschichtliche Darstellungen in Bezug auf Mediation beginnen gleichermaßen vor unserem Zeitalter, zum Beispiel in der griechischen Antike, denn dort vermittelten Städte bei Streitigkeiten zwischen anderen Städten. Vgl. Hehn, S. 6; außerdem Proksch, der sich auf das christliche Abendland und das neue Testament bezieht, in: Krabbe, S. 173; Mähler/Mähler halten die Konfliktlösung durch Mediation für archaischen Ursprungs, in: Beck'sches Rechtsanwaltshandbuch, C 8, Rn.3. Außerdem Breidenbach, § 2; Strempel, ZRP 1998, S. 319 (320); ders. in Strempel, S. 13.

39 Brockhaus-Enzyklopädie, Stichwort Mediation; Duss-von-Werdt/Mähler/Mähler, S. 15.

40 Vgl.: Breidenbach, § 12; Duss-von-Werdt/Mähler/Mähler, S. 18ff.; Duve, Beilage 10 zu BB 1998, S. 9ff.; Grilli, AnwBl 1997, S. S. 533; Kraft, VersR 2000, S. 935 (936); Proksch, FamRZ 1989, S. 916; Risse, WM 1999, S. 1864.

41 Einen Vergleich zu anderen Staaten, wie zum Beispiel Japan wirft Bühring-Uhle auf. In: Gottwald/Strempel, S. 43.

42 Grilli, AnwBl 1997, S. 533. Die Parteien und ihre Anwälte müssen dann an der Mediation teilnehmen. Dies gilt für die Mehrzahl der US-amerikanischen Bundesstaaten.

43 Vgl. den sehr kritischen Beitrag von Felstiner/Williams, in: Jahrbuch für Rechtssoziologie und Rechtstheorie, Bd. 6, S. 195 ff.

44 Vgl. Breidenbach, § 3; Duve, Beilage 9 zu BB 1998, S. 15ff.; ders. Beilage 10 zu BB 1998, S. 9ff; Fischer-Zernin/Junker, Journ.int.Arbitration 1988, S. 21ff.; Gottwald, in Henssler/Koch, § 6; Weigand, BB 1996, S. 2107ff.

45 Fischer-Zernin/Junker sehen das gerichtliche und das schiedsgerichtliche Verfahren auf der einen Seite und die „third option“ auf der anderen. Journ.int.Arbitration, 1988, S. 21 (25). Ebenso Weigand, BB 1996, S. 2106 (2107). Vgl. außerdem Duve, Mediation und Vergleich im Prozeß.

46 Duve, Beilage 9 zu BB 1998, S. 15 (18); Weigand, BB 1996, S. 2106 (2107).

Beteiligten[47]. Bei der *Settlement Conference* ist das Ende des Konflikts ebenfalls ein Vergleichsschluß, nur ist hier der Richter der Verhandlungsführer[48]. Abschließend ist eine größere Popularität der außergerichtlichen Konfliktlösung in den USA gegenüber Deutschland festzustellen[49].

II) Mediation in Deutschland

In Deutschland nahm die Entwicklung von Mediation erst Anfang der achtziger Jahre ihren Lauf[50]. Das Vermittlungsverfahren etablierte sich vor allem in den Bereichen Familienrecht[51], Verwaltungsrecht[52] (besonders im Bereich des Umweltrechts), im Strafrecht[53] (Täter-Opfer-Ausgleich, TOA) und zunehmend auch im Wirtschaftsrecht[54]. Eine den USA ähnliche gesetzliche Mediationsregelung gibt es in Deutschland nicht. Lediglich im Bereich des Täter-Opfer-Ausgleichs existiert eine Vorschrift, die Ähnlichkeiten zu Mediation aufweist. Gem. § 46 a Nr. 1 StGB kann das Gericht die Strafe mildern, wenn der Täter sich bemüht hat, einen Ausgleich mit dem Verletzten zu erreichen. Gleiches gilt gem. § 10 I Nr. 7 JGG: Danach kann der Richter einem jugendlichen Straftäter auferlegen, sich zu bemühen, einen Ausgleich mit dem Verletzten zu erreichen.

III) Zusammenfassung

Während Mediation in den USA schon vor einigen Jahrzehnten im Zusammenhang mit anderen Alternativen der außergerichtlichen Streitbeilegung populär wurde, ist sie mittlerweile auch in Deutschland auf dem Weg, sich zu etablieren. Mit vermehrter Anwendung von Mediation stellt sich deshalb die Frage, wie diese konkret durchgeführt wird, d.h., was unter Vermittlung im Sinne von Mediation

---

47 Vgl. als Beispiel für ein Minitrial das Verfahren der Züricher Handelskammer, bei: Walter, ZZP 103, S. 142 (157ff.)

48 Duve, Beilage 9 zu BB 1998, S. 15 (18).

49 Vgl. Kraft, VersR 2000, S. 935 (936). Ein Einfluß der außergerichtlichen amerikanischen Streitbeilegung auf die Anwendung dieser in Deutschland läßt sich dabei nicht feststellen. Vgl. Prütting, in: FS f. Hanau, S. 744.

50 Duss-von-Werdt/Mähler/Mähler, S. 17; Strempel, in: Strempel, S. 13.

51 Vgl.: Mähler/Mähler, in: Breidenbach/Henssler, S. 121ff.; dies. NJW 1997, S. 1263; Krabbe, Scheidung ohne Richter; Hölzenbein, MDR 1997, S. 415.

52 Vgl.: Gassner, Mediation: Verhandlung als Mittel der Konsensfindung bei Umweltstreitigkeiten; Holznagel, in: Breidenbach/Henssler, S. 147ff.; Passavant, DÖV 1987, S. 516ff.; Preussner, in: Henssler/Koch, § 12; Ramsauer, in: Breidenbach/Henssler, S. 161ff.

53 Vgl. Walter/Hassemer/Netzig/Petzold, in: Breidenbach/Henssler, S. 210ff.; Walter, in: Henssler/Koch, § 14.

54 Eidenmüller, Beilage 10 zu BB 1998, S. 19ff.; Kraft, VersR 2000, S. 935ff.; Risse, WM 1999, S. 1864ff.; Schmidt, Beilage 10 zu BB 1998, S. 6ff. Einen kurzen Überblick über die Mediationspraxis in Deutschland bei Breidenbach, AnwBl 1997, S. 135. Vgl. außerdem Stückemann, Anwalt 4/2001, S. 16ff.

zu verstehen ist. Obwohl Mediation als unformelles Verfahren keine normierte Verfahrensordnung hat, haben sich einige Verfahrensgrundsätze herauskristallisiert, die nachfolgend erörtert werden.

§ 3 Mediationsverfahren

Als nichtförmliches Verfahren eröffnet Mediation eine Vielfalt an Variationen hinsichtlich des Verfahrensablaufs[55]. Dennoch existieren einige, aus dem Harvard-Konzept abgeleitete Grundsätze[56], die das Verfahren systematisieren. Diese wurden zum Beispiel von der BAFM (Bundesarbeitsgemeinschaft für Familienmediation) aufgestellt[57]. Im folgenden werden das Harvard-Konzept, die Eignungskriterien für die Teilnahme an Mediation und die Verfahrensgrundsätze der Vermittlung erläutert[58].

I) Das Harvard-Konzept

Das Harvard-Konzept[59] wurde Anfang der achtziger Jahre von Juristen an der Harvard Law School entwickelt, um Verhandlungen jeglicher Art zu vereinfachen[60]. Seine Grundsätze bilden auch die Basis für Verhandlung durch Mediation, denn das Konzept stellt Prinzipien einer sachbezogenen Streitkommunikation auf, wobei im Mittelpunkt, unabhängig von der Art des Konfliktes, der Gedanke der fairen Verständigung steht[61]. Anstatt um das Feilschen von Positionen geht es bei der Konfliktverhandlung nach dem Harvard-Konzept darum, die hinter den Positionen liegenden Interessen zu finden und diese zu einem Interessenausgleich zu bringen[62]. Im Harvard-Konzept wird beispielsweise außerdem untersucht, wel-

---

55 Dazu Proksch, FamRZ 1989, S. 916 (920).

56 Altmann/Fiebiger/Müller, S. 98ff.; Bühring-Uhle, in: Gottwald/Strempel, S. 75/76; Hehn, S. 9; Henkel, NZA 2000, S. 929 (930); Kraft, VersR 2000, S. 935 (936); Passavant, DÖV 1987, S. 516 (517); Sobota/Kracht/Michaelis, JA 1999, S. 261; Strempel, in Strempel, S. 16.

57 Abgedruckt bei Mähler/Mähler, in: Breidenbach/Henssler, S. 123ff.

58 In der einschlägigen Literatur läßt sich eine konsequente Verfolgung dieser Grundsätze beobachten: Diez/Krabbe, in Krabbe, S. 109ff.; Eidenmüller, in: Henssler/Koch, § 2, Rn. 58 ff.; Mähler/Mähler, NJW 1997, S. 1262 (1264); dies., in: Breidenbach/Henssler, S. 13ff; dies., in: AnwBl. 1997, S. 535 (536); Proksch, FamRZ 1989, S. 916 (920); Richter/Schwartz, AuA 2000, S. 582 (583ff.); Risse, NJW 2000, S. 1614ff; v.Hoyningen-Huene, JuS 1997, 352ff. Vgl. auch: Haft, Verhandeln- Die Alternative zum Rechtsstreit; ders., Beilage 10 zu BB 1998, S. 15ff. Etwas abweichend in seiner Darstellung ist Kraft, VersR 2000, S. 935 (936). Ausschluß- und Eignungsgründe sind außerdem aufgeführt bei Duve, in: Henssler/Koch, § 4, Rn.24ff.

59 Fisher/Ury/Patton: Das Harvard-Konzept.

60 Fischer/Ury/Patton S. 17; vgl. Hehn, S. 9; Passavant, DÖV 1987, S. 516 (517).

61 Fischer/Ury/Patton, S. 59 ff.

62 Vgl. III.

chen Einfluß Emotionen auf eine sachgerechte Verhandlung haben können und welche Möglichkeiten bestehen, gefühlsbedingte Konfrontationen zu vermeiden bzw. auszugleichen[63]. Ebenso wird die Bedeutung von Verhandlungsmacht erörtert. Nach dem Harvard-Konzept soll das Ergebnis einer Verhandlung nicht von der ‚Mächtigkeit' der Verhandlungsgegner abhängen, sondern von der Nutzung der jedem Streitbeteiligten innewohnenden potentiellen Verhandlungsmacht[64]. Durch Orientierung am Harvard-Konzept wurden für die Teilnahme an Mediation folgende Eignungskriterien und Verfahrensabläufe entwickelt.

II) Eignungskriterien für Mediation

1) Fähigkeit zur Selbstbestimmung

Bedingung für die Teilnahme an Mediation ist die Fähigkeit zur Selbstbestimmung der Beteiligten im Sinne einer eigenen Entscheidungsfindung und Interessensbildung[65]. Denn nur der, der selbst seine Standpunkte festsetzen, begründen und eigenverantwortlich tragen kann, vermag innerhalb der Mediation mit seinem Gegenüber tatsächlich und unmittelbar zu verhandeln. Dabei ist es die Aufgabe des Mediators festzustellen, ob die Parteien für die Mediation geeignet sind oder nicht[66]. Mögliche Fremdbestimmung einer Partei, zwischen den Streitenden vorgefallene gewalttätige Auseinandersetzungen, geistige Behinderungen eines Beteiligten und ähnliches können eine solche grundsätzliche Eignung ausschließen[67].

2) Kompromißbereitschaft

Erforderlich für eine im Rahmen der Vermittlung geführte Verhandlung ist weiterhin eine grundsätzliche Kompromißbereitschaft der Streitbeteiligten dahingehend, einen Interessenausgleich einzugehen[68]. Denn dieser ist nur möglich, wenn sich beide Beteiligten von ihrem jeweiligen Anspruchsdenken entfernen[69]. So ist das Scheitern einer Arbeitgeber-, Arbeitnehmermediation zum Beispiel abzuse-

---

63 Fischer/Ury/Patton, S. 55.

64 Fischer/Ury/Patton, S. 242ff.
Etwas abweichend in seiner Darstellung des Mediationsverfahrens ist Kraft, VersR 2000, S. 935 (936). Ausschluß- und Eignungsgründe der Parteien für Mediation sind außerdem aufgeführt bei Duve, in Henssler/Koch, § 4, Rn. 24ff.

65 Diez/Krabbe, in: Krabbe, S. 115; ähnlich Haft, der als Erfordernis für jede Verhandlung die Autonomität der Parteien nennt, S. 110; Mähler/Mähler, AnwBl 1997, S. 535 (537); v.Hoyningen-Huene, JuS 1997, S. 352 (352).

66 Diez/Krabbe, in: Krabbe, S. 116; Mähler/Mähler, in: Beck'sches Rechtsanwaltshandbuch, C 8, Rn.35; Schulz, AnwBl 1994, S. 273 (274).

67 Diez/Krabbe, in: Krabbe, S. 116; Duss-von-Werdt/Mähler/Mähler, S. 135; Richtlinien der BAFM bei Mähler/Mähler, in: Breidenbach/Henssler, S. 126.

68 Mähler/Mähler, in: Krabbe, S. 160.

69 Felstiner/Williams, in: Jahrbuch für Rechtssoziologie und Rechtstheorie, Band 6, S. 213. Mähler/Mähler, in: Breidenbach/Henssler, S. 20/21.

hen, wenn im Falle einer Verhandlung über eine Kündigungsstreitigkeit der Arbeitgeber auf der Rechtmäßigkeit der Kündigung beharrt, der Arbeitnehmer jedoch unbedingt weiter beschäftigt werden möchte und ein Abrücken der Parteien von diesen Positionen nicht zu erwarten ist[70]. Motivation für die Teilnahme an Vermittlung muß der Wille sein, die Auffassung des anderen verstehen zu wollen[71]. Mediation nur zur Sparung von Gerichtskosten beispielsweise, ist von vorne herein nicht zu befürworten. Ebenso wird von Mediation zum Teil abgeraten, wenn zwischen den Parteien ein Machtgefälle besteht[72].

3) Sonstiges

Als sonstige Voraussetzungen für die Teilnahme an Mediation werden genannt: Es darf keine besondere Eilbedürftigkeit vorliegen und keine eindeutige Rechtslage bestehen[73]. In derartigen Fällen ist Mediation zu zeitaufwendig, bzw. unzweckmäßig. Darüber hinaus muß Mediation stets aufgrund freiwilliger Entschlüsse stattfinden[74]. Erfüllen die Medianten die genannten Voraussetzungen, erklärt der Mediator zunächst den Ablauf und das angestrebte Ziel der Mediation[75]. Das sich anschließende Mediationsverfahren gestaltet sich nach folgenden Grundsätzen.

III) Verfahrensgrundsätze mit juristischem Hintergrund

Vor Beginn der eigentlichen Mediation ist zunächst ein Vertrag zwischen den Parteien und dem Mediator über die Durchführung des Verfahrens zu schließen (Mediatorvertrag). Dieser ist in der Regel ein Dienstvertrag mit Geschäftsbesorgungscharakter, §§ 611, 675 I BGB[76]. Während des Mediationsverfahrens sind folgende Grundsätze von juristischem Belang zu beachten.

1) Ausschluß der Öffentlichkeit

Mediation findet unter Ausschluß der Öffentlichkeit statt. Beteiligt sind lediglich die Parteien und - je nach Bedarf - beratende Anwälte[77].

---

[70] Inwieweit bei Kündigungsstreitigkeiten Bedarf an Mediation besteht, vgl. § 7.

[71] Duss-von-Werdt/Mähler/Mähler, S. 139.

[72] Inwieweit dieser Auffassung jedoch zu zustimmen ist vgl. § 7.

[73] Kraft, VersR 2000, S. 936 (941).

[74] Richtlinien der BAFM bei Mähler/Mähler, in: Breidenbach/Henssler, S. 125.

[75] Eidenmüller, in: Henssler/Koch, § 2, Rn. 61; Richter, AuA 2000, S. 582 (583); Richtlinien der BAFM bei Mähler/Mähler, in: Breidenbach/Henssler, S. 129; Risse, NJW 2000, S. 1614 (1615); Schulz, AnwBl 1994, 273 (274).

[76] Diez/Krabbe, in: Krabbe, S. 130; Duss-von-Werdt/Mähler/Mähler, S. 135; Eidenmüller, in: Henssler/Koch, § 2, Rn. 61; Risse, NJW 2000, S. 1614 (1615); Wegmann, in: Strempel, S. 39. Über die Kündbarkeit des Mediatorvertrages und das Verhältnis der Parteien zueinander und gegenüber dem Mediator vgl. Eidenmüller, S. 33ff.

[77] Grilli, AnwBl 1997, S. 533 (534); Kraft, VersR 2000, S. 935 (940). Zu den damit verbun-

2) Vertraulichkeit

Vertraulichkeit im Umgang mit während der Mediation erlangten Informationen ist ein weiterer Grundsatz des Vermittlungsverfahrens[78]. Probleme können in diesem Zusammenhang vor allem im Nachhinein auftauchen, wenn eine Mediation scheitert und sich ein gerichtliches Verfahren anschließt[79]. Von einigen wird die Gefahr gesehen, daß unlautere Parteien die Mediation nutzen, um an für einen Prozeß wichtige Informationen zu gelangen[80]. Um derartigen Problemen vorzubeugen, werden nicht selten sog. Vertraulichkeitsvereinbarungen zwischen den Parteien und zwischen diesen und dem Mediator dahingehend geschlossen, erlangte Informationen vertraulich zu behandeln und sie in einem sich anschließenden Prozeß nicht zu verwerten[81]. Alle weiteren Verfahrensmöglichkeiten mit juristischem Belang gestalten die Parteien nach freiem Ermessen. So können sie zum Beispiel festlegen, ob bestimmte, dem gerichtlichen Verfahren angenährte Verfahrensgrundsätze, wie beispielsweise rechtliches Gehör o.ä. zu beachten sind[82].

IV) Verfahrensgrundsätze mit psychologischem Hintergrund

1) Formulierung von Interessen

Wie erwähnt hat das Interesse *als solches* bei der Mediation besondere Bedeutung[83]. Man spricht von *Interesse* und nicht von *Anspruch oder Position*, um das Verhältnis zwischen den Parteien nicht negativ zu belasten[84]. Denn während es bei der Festlegung von *Ansprüchen* darum geht, was richtig oder falsch ist, bzw. wer Recht oder Unrecht hat[85], stellt die Formulierung eines *Interesses* nur dar, was wünschenswert ist und möglich erscheint[86]. Um das Verhältnis von Anspruch

---

denen Problemen Prütting, in: Breidenbach/Henssler, S. 71.

78 Eidenmüller, S. 23ff; Richtlinien der BAFM bei Mähler/Mähler, in: Breidenbach/Henssler, S. 125; Wagner, JZ 1998, S. 837 (845).

79 Groth/v.Bubnoff, NJW 2001, S. 338ff; Kraft, VersR 2000, S. 936 (940); Richter/Schwartz, AuA 2000, S. 582 (584).

80 Risse, NJW 2000, S. 1614 (1620).

81 Eidenmüller, S. 23ff; Richter/Schwartz, AuA 2000, S. 582 (583); Wagner, JZ 1998, S. 837 (845).
Problematisch kann in diesem Zusammenhang sein, ob einem nichtanwaltlichen Mediator in einem nachfolgenden Prozeß ein Zeugnisverweigerungsrecht zusteht. Diese Problematik untersuchen Groth/v.Bubnoff, NJW 2001, S. 338ff. Dazu außerdem § 4. Vgl. auch Schneider, in: Breidenbach/Henssler, S. 180.

82 Vgl. dazu § 5.

83 Altmann/Fiebiger/Müller, § 96ff.; Fisher/Ury/Patton, S. 68ff; Haft, Beilage 10 zu BB 1998, S. 15 (17ff.); Hehn, S. 11.

84 Breidenbach, in: Breidenbach/Henssler, S. 5; Fischer/Ury/Patton, S. 68ff.; Mähler/Mähler, in: Breidenbach/Henssler, S. 18; Risse, NJW 2000, S. 1614 (1616); Thau/Pusch, AuA 1997, S. 343.

85 Vgl. Ponschab, MDR 1997, S. 413/414.

86 Fischer/Ury/Patton, S. 207; Position ist das, was im Prozeß die Klageanträge ausdrücken. Das Interesse wird offenbar, wenn gefragt wird, aus welchem Grund die Konfliktparteien

(Position) und Interesse zu verdeutlichen, hilft ein Beispiel aus dem familienrechtlichen Bereich: Eheleute A und B wollen sich scheiden lassen und besuchen eine Trennungsmediation. Beide wollen das alleinige Sorgerecht für Kind C (Anspruch). Letztendlich steht hinter diesem Anspruchsdenken[87] aber ein gemeinsames Interesse, nämlich das Wohlbefinden des Kindes. Oder im Arbeitsverhältnis: Arbeitgeber A möchte den Arbeitnehmer X auf einen anderen Arbeitsplatz versetzen. Dieser möchte jedoch lieber auf seinem üblichen Arbeitsplatz bleiben. Beide haben hier das grundsätzliche Interesse, das Arbeitsverhältnis konfliktfrei weiterzuführen[88]. Die Parteien haben bei der Mediation folglich zu versuchen, ihre Ansprüche in Interessen darzulegen[89]. Wichtig ist dabei, alle maßgeblichen Interessen zu formulieren, ohne tieferliegende Punkte außer Acht zu lassen; Konflikte, die sich auf versteckten Tatsachen begründen, hemmen ein gezieltes Ergebnis[90]. Somit muß der Mediator versuchen, zu verstehen, was die Parteien wollen (Recht/Anspruch) und warum sie es wollen (Interesse)[91].

2) Konsensbildung

Wenn beide Parteien ihre Interessen herausgearbeitet haben, nimmt das Verfahren folgenden Gang[92]. Es sind gemeinsame Anknüpfungspunkte zu suchen und festzuhalten, um einen Konsens zu schaffen, auf dem die Verhandlung aufzubauen ist (zum Beispiel der generelle Wunsch, das Arbeitsverhältnis fortzuführen). Auf diesen Konsens als Konfliktbasis soll im Fall einer offenen Auseinandersetzung zurückgegriffen werden, um die Streitsituation zu entschärfen.

3) Arbeiten mit gegenläufigen Interessen

Nach der grundsätzlichen Übereinstimmung ist mit den gegenläufigen Interessen zu arbeiten[93]. Häufen sich gegensätzliche Vorstellungen, kann eine Art 'Interessenliste' mit Prioritäten für jeden Teilnehmer erarbeitet werden, ohne daß in die-

---

die jeweils kontroversen Positionen einnehmen, vgl.: Henkel, NZA 2000, S. 929 (930).

87 Haft spricht in diesem Zusammenhang von kreativitätsfeindlichem Positionsdenken, Haft, S. 68; ders., Beilage 10 zu BB 1998, S. 15 (17).

88 Ein weiteres Beispiel aus dem Arbeitsrecht bei Henkel, NZA 2000, S. 929 (930).

89 Dieser Schritt kann nach Wunsch der Parteien auch in Einzelgesprächen erfolgen, vgl. Breidenbach, AnwBl 1997, S. 135 (138); Duve, Anwalt 2/2000, S. 16 (18); Grilli, AnwBl 1997, S. 533 (534). Dazu auch Eidenmüller, in: Henssler/Koch, § 2, Rn. 73.

90 Felstiner/Williams sprechen hierbei von „underlying causes", also Konflikten, die unterhalb der Oberfläche liegen. In: Jahrbuch für Rechtssoziologie und Rechtstheorie, Band 6, S. 213; ähnlich Henkel, NZA 2000, S. 929 (930).

91 Grilli, AnwBl 1997, S. 533.

92 Diez/Krabbe, in : Krabbe, S. 119ff.; Duss-von-Werdt/Mähler/Mähler, S. 134; Richter, AuA 2000, S. 582 (583).

93 Diez/Krabbe, in: Krabbe, S. 119ff.; Fischer/Ury/Patton, S.80; Richter, AuA 2000, S. 582 (584); Richtlinien der BAFM bei Mähler/Mähler, in: Breidenbach/Henssler, S. 129.

sem Schritt schon eine Bewertung durch die Beteiligten erfolgt. Dabei liegt es in der Natur der Sache, nur realistisch durchsetzbare Interessen aufzuführen[94]. Unter Aufschlüsselung aller erheblichen Tatsachen sind die Interessen zu strukturieren und die Möglichkeit ihrer Ausführung zu überprüfen.

V) Verhandlungsführung durch den Mediator

Nach Festsetzung von gemeinsamen und gegenläufigen Interessen und damit verbundener Strukturierung der Vorgehensweise, beginnt die Verhandlung unter Leitung des Mediators[95]. Dabei ist mit einem Streitpunkt zu beginnen, den die Parteien gemeinsam bestimmt haben, um den geschaffenen Grundkonsens zu erweitern[96]. Den Parteien muß deutlich sein: Es geht nicht um gegenseitige Schuldzuweisungen in vergangenem Verhalten. Wichtig ist, wie sie ihre Beziehung zukünftig zu einander fortsetzen wollen[97].

1) Aufgaben des Mediators mit psychologischem Hintergrund

Der Mediator hat bei der Verhandlung verschiedene Aufgaben zu bewältigen: Zum einen obliegt es ihm, die Parteien auf einen Mittelweg zwischen emotionsgeladener Meinungsverschiedenheit und Streitgegenstand zu führen, ohne daß der Konflikt rein analytisch bzw. lediglich von rechtlicher Seite betrachtet wird[98]. Er hat auf schonende, nicht aggressive Kommunikation der Parteien zu achten und ggf. lenkend einzugreifen. Damit verfolgt er unter anderem psychologische Aufgaben.

2) Aufgaben des Mediators mit juristischem Hintergrund

Zum anderen hat der Mediator die Parteien in der Regel auch in rechtlichen Fragen zu beraten, womit sich die Frage ergibt, wer überhaupt als Mediator tätig werden kann[99]. Zur Zeit ist die Berufsbezeichnung ‚Mediator' in Deutschland

---

94 Haft, S. 243.

95 Zur Verhandlungsphase: Diez/Krabbe, in: Krabbe, S. 118; Holznagel, in: Breidenbach/Henssler, S. 155ff.; Richtlinien der BAFM bei Mähler/Mähler, in: Breidenbach/Henssler, S. 129; Risse, NJW 2000, 1614 (1617); Haft, Beilage 10 zu BB 1998, S. 15.

96 Diez/Krabbe, in: Krabbe: S. 118/119.

97 Mähler/Mähler, in: Breidenbach/Henssler, S. 23. Dabei ist es unerheblich, um welche Art der Streitigkeit es sich handelt.

98 Diez/Krabbe, in: Krabbe, S. 120; Bastine/Link/Lörch, in: Duss-von-Werdt/Mähler/Mähler, S. 195.

99 Zu der Rolle des Mediators vgl.: Breidenbach, § 13; Diez/Krabbe, in Krabbe, S. 130; Duss-von-Werdt/Mähler/Mähler, S. 20ff.; Eidenmüller, in: Henssler/Koch, § 2, Rn.87ff.; ders., S. 32ff. (dabei insbesondere zu der Frage, wie ein Vertrag zwischen den Parteien und dem Mediator gestaltet werden kann); Grilli, AnwBl 1997, S. 533ff.; Henkel, NZA 2000, S. 929 (931); Hehn, S. 17; Kraft, VersR 2000, S. 935 (936); Ortloff, in:

nicht geschützt. Generell kann sich folglich jeder zum Mediator ernennen, der zwischen streitenden Parteien vermittelt[100]. Problematisch wird es dann, wenn ein nichtanwaltlicher Mediator in Rechtsstreitigkeiten tätig wird, weil dieser damit ggf. fremde Rechtsangelegenheiten nach dem Rechtsberatungsgesetz besorgt[101].

In dieser Frage mußte das LG Rostock über folgenden Sachverhalt entscheiden[102]: Der Beklagte trat als nichtanwaltlicher Mediator auf und warb unter anderem in Zeitungsanzeigen mit der Angabe, außergerichtliche Streitbeilegung, insbesondere bei Zahlungskonflikten könne ohne Beteiligung von Rechtsanwälten kostengünstig herbeigeführt werden. Die Kläger (Betreiber einer Rechtsanwaltskanzlei) stellten einen auf § 1 UWG i.V.m. Art 1 § 1 RBerG gestützten Unterlassungsantrag, dem das Gericht stattgab. Das LG hält die Bezeichnung eines Nichtanwalts als Mediator jedoch nicht für grundsätzlich unzulässig. Es differenziert zwischen den verschiedenen Aufgaben, die ein Mediator wahrzunehmen hat: „Werde er lediglich als jemand tätig, der die spezifisch mediativ geweckte Privatautonomie der Parteien stärke und die Konfliktlösung nur auf pädagogische und therapeutische Gesichtspunkte aufbaue, nehme er rein psychosoziale Aufgaben war, bei deren Erfüllung er sich als Mediator bezeichnen könne. Besorge er allerdings fremde Rechtsangelegenheiten i.S.d. RBerG, dürfe er die Bezeichnung Mediator nicht führen, wenn er nicht einen Anwalt hinzuziehe." Danach hängt es vom Einzelfall ab, ob Mediation die Besorgung von Rechtsangelegenheiten darstellt.

Breidenbach/Henssler, S. 111ff.; Richter/Schwartz, AuA 2000, S. 582 (583). Schulz, AnwBl 1994, S. 273ff.; Sobota/Kracht/Michaelis, JA 1999, S. 261ff; Wagner, JZ 1998, S. 837 (845).

Inwieweit der Mediator zum Beispiel Einigungsvorschläge einbringen darf ist ungeklärt; die Meinungen darüber sind geteilt. Nach *Eidenmüller (S. 35/37)*, kann er sich gemeinsam mit den Parteien um Einigungsoptionen bemühen. Nach einer Entscheidung des OLG Hamm hingegen, dürfe der Mediator keine Sachverhaltserforschung betreiben, sondern habe sich lediglich auf eine Würdigung des ihm unterbreiteten Sachverhalts zu beschränken (OLG Hamm, MDR 1999, S. 836). Ähnlich Stadler, NJW 1998, S. 2478 (2482).

100 Bei einigen Institutionen ist eine Ausbildung zum Mediator möglich. Dabei wird beispielsweise auf die Vermittlung von Interventionstechniken wert gelegt. Zum Beispiel: Fernuniversität Hagen, Aufbaustudiengang Mediation; Institut für Mediation in München; Institut für Konfliktberatung Berlin-Brandenburg. Eine Übersicht über weitere Ausbildungsinstitute bei Hehn/Rüssel, NJW 2001,

S. 347ff., Mähler/Mähler, in: Breidenbach/Henssler, S. 137. Zu der Frage nach der Förderung von Mediationstechniken in der Juristenausbildung vgl. Schöbel, JuS 2000, S. 371ff. Ausbildungsrichtlinien wurden zum Beispiel von der BAFM herausgegeben. Abgedruckt bei Mähler/Mähler, in: Breidenbach/Henssler, S. 130.

101 Dazu Duve, BB 2001, S. 692ff; Mankowski, Anmerkung zu LG Rostock, Urteil vom 11.08.00-5 O 67/2000 in EWiR Art 1 § 1 RBerG 8/2000, S. 1119.

102 LG Rostock, BB 2001, S. 698, Urteil vom 11.08.00-5 O 67/00. Nicht rechtskräftig.

Dieser Entscheidung ist dem Grunde nach zuzustimmen. Allerdings ist fraglich, ob Mediation in Streitigkeiten mit rechtlichem Bedeutungsgehalt überhaupt ohne die Erörterung rechtlicher Fragen auskommt[103]. Besorgung fremder Rechtsangelegenheiten bedeutet die unmittelbare Förderung konkreter fremder Rechtsangelegenheiten durch Rechtsberatung, Entwerfen von Schriftsätzen usw., dergestalt, daß diese Förderung einem gewissen Abschluß, sei es zwecks Rechtsgestaltung, zwecks Rechtsverwirklichung zugeführt wird[104]. Da Mediation in Rechtsstreitigkeiten in der Regel angewendet wird, um eine zwar einvernehmliche, aber dennoch verbindliche Streitlösung auf rechtlicher Ebene zu erreichen, die am Ende schriftlich niedergelegt wird, kommt sie nicht ohne Beachtung rechtlicher Fragen aus, auch wenn Rechtsvorschriften in der Mediation keine übergeordnete Rolle spielen[105]. Findet Mediation zum Beispiel bei einer Kündigungsstreitigkeit im Arbeitsverhältnis statt, in der nach Möglichkeit die Rücknahme der Kündigung durch den Arbeitgeber erreicht werden soll, muß der Mediator den Arbeitnehmer ggf. über die Gefahr eines Rechtsverlustes nach §§ 4, 7 KSchG informieren. Damit nimmt er dann bereits die Besorgung fremder Rechtsangelegenheiten wahr. Mediation ohne Berührung rechtlicher Fragen wird in den wenigsten Fällen möglich sein, so daß sie letztlich stets Rechtsangelegenheiten im Sinne des Art 1 § 1 RBerG und damit nur von Anwälten bzw. unter Beteiligung dieser betrieben werden kann[106].

Darüber hinaus sind gewisse Risiken zu erkennen, wenn Mediation durch einen Nichtanwalt durchgeführt wird. Ein Gefahr liegt beispielsweise in einem sich anschließenden Prozeß nach einer gescheiterten Mediation, wenn der Mediator als Zeuge benannt wird und in der Mediation erlangte, vertrauliche Informationen könnte. Dann taucht die Frage nach einem Zeugnisverweigerungsrecht des Mediators auf[107]. Für den Zivilprozeß ergibt sich das Zeugnisverweigerungsrecht eines, als Mediator tätig gewordenen Anwalts, gem. §§ 383 I Nr. 6 ZPO i.V.m. § 43a II, 18 BRAO. Das eines Nichtanwalts ist schwieriger zu finden[108]. Zum Teil wird in diesem Zusammenhang diskutiert, ob sich ein Zeugnisverweigerungsrecht kraft Natur der Sache ergeben könnte[109]. Im Ergebnis existiert jedoch für den nichtanwaltlichen Mediator zur Zeit kein anerkanntes Zeugnisverweigerungsrecht.

---

103 Vgl. dazu auch: Duss-von-Werdt/Mähler/Mähler, S.85; Henssler/Prütting, Art 1 § 3 RBerG, Rn.11ff.

104 Altenhoff/Busch/Chemnitz, RBerG, Art 1 § 1 Rn.61.

105 Zur Behandlung rechtlicher Fragen in der Mediation vgl. § 5.

106 Im Ergebnis ebenfalls Mankowski, Anmerkung zu LG Rostock, EWiR Art.1 § 1 RBerG 8/2000, Urteil vom 11.08.00-5 O 67/00. *a.A. wohl Duve, BB 2001, S. 692ff.*

107 Zu dieser Problematik ausführlich Groth/v.Bubnoff, NJW 2001, S. 338ff.

108 Vgl. dazu Eidenmüller, der sich mit dem Zeugnisverweigerungsrecht eines als Mediator tätig gewordenen Hochschullehrers beschäftigt, S. 24; Groth/v.Bubnoff, NJW 2001, S. 338.

109 Eidenmüller, S. 24; Groth/v.Bubnoff, NJW 2001, S. 338ff.

Ein weiteres Problem liegt in der möglichen Umgehung zwingender Vorschriften bei Abschluß einer Mediationsvereinbarung durch Nichtjuristen/Nichtanwälte. Ein nichtanwaltlicher Mediator, der zwischen den Parteien zwar lediglich auf psychologischem Wege vermittelt ohne dabei Rechtsangelegenheiten zu besorgen, kann für die Beteiligten relevante und/oder zwingende Rechtsvorschriften übersehen[110]. Im Ergebnis ist Mediation in Rechtsangelegenheiten deshalb zumindest nicht ohne Beteiligung von Juristen zu unternehmen[111].

VI) Zusammenfassung

Für die Teilnahme an einem Mediationsverfahren müssen die Parteien bestimmte Eignungskriterien erfüllen, um selbstbestimmt ihre Verhandlung führen zu können. Des weiteren setzt Mediation nach dem Harvard-Konzept bestimmte Grundsätze voraus, die sich konsequent an einer fairen Kommunikationsweise, gestützt auf Interessen, orientieren. Nur wenn diese Prämissen erfüllt sind, kann juristisch betrachtet von einem Mediationsverfahren gesprochen werden. Als nächstes ist zu untersuchen, wie Mediation nach erfolgreicher Verhandlung beendet wird.

§ 4 Beendigung der Mediation

I) Problemaufriß

Haben sich die Parteien auf ein gemeinsam gefundenes Ergebnis geeinigt, steht am Ende der Mediation der Abschluß eines rechtsverbindlichen Vertrages, der nach Wahl der Parteien von diesen selbst, dem Mediator oder von einem Anwalt formuliert werden kann[112]. Hinsichtlich der rechtlichen Bindung der Vereinbarung durch Vertrag stehen alle Möglichkeiten im Ermessen der Parteien[113]. Sie ent-

---

110 Vgl. BGH DB 1992, S. 732, Urteil vom 10.10.91-III ZR 141/90, wonach eine Schiedsklausel unwirksam sein kann, wenn aufgrund der mangelnden juristischen Qualifikation des Schiedsrichters eine zu beachtende zwingende Norm und die daraus resultierende Problematik nicht gesehen wurde.

111 Ein weiteres Problem im Zusammenhang mit der Tätigkeitsbezeichnung ‚Mediator', mit dem sich die Rechtssprechung bereits befassen mußte, liegt in der Frage, ob Rechtsanwälte diese Bezeichnung führen dürfen. Hier traten Streitigkeiten zwischen Rechtsanwälten und ihren Kammern auf, nach deren Ansicht ‚Mediation' lediglich als Interessenschwerpunkt bezeichnet werden könne, da es keine Fachanwaltsbezeichnung ‚Mediator' gebe und eine Zusatzbetitelung dieser Art unzulässige Werbung darstelle. Der AGH NRW gab dieser Ansicht nicht recht. Seiner Entscheidung nach verstößt die Bezeichnung ‚Mediator' nicht gegen §§ 6ff., 43 BRAO. Dies gilt gerade dann, wenn der betreffende Rechtsanwalt eine Ausbildung im Sinne der von der BRAK ausgesprochenen Empfehlungen gemacht habe. AGH NRW MDR 2000, S. 612, Beschluß vom 19.11.99-1 ZU 50/99. Dieser Entscheidung ist mit Blick auf § 18 BRAO zuzustimmen, wonach Mediation als Tätigkeitsfeld des Rechtsanwalts bestimmt wird. Vgl. dazu Duve, Anwalt 12/2000, S. 18; Schwartz, Anmerkung zu AGH NRW MDR 2000, S. 612.

112 Vgl. Diez/Krabbe, in: Krabbe, S. 126ff.

113 Insgesamt zu Vertragsgestaltungen bei der Mediation: Koch, in Henssler/Koch,

scheiden, ob der Vertrag notariell beurkundet oder beglaubigt werden soll, ob eine zeitliche Begrenzung der Vertragsdauer mit daran anschließender erneuter Verhandlung eingefügt werden soll oder wie die Einhaltung des Vertrages zu erfolgen hat[114]. Problematisch ist in diesem Zusammenhang die fehlende Vollstreckbarkeit des Mediationsergebnisses[115]. Hält eine Partei die vertragliche Vereinbarung nicht ein, bleibt der anderen zunächst lediglich eine Klage auf Erfüllung[116]. Es ist deshalb zu untersuchen, ob außerhalb der Vertragsform andere Möglichkeiten bestehen, eine Mediationsvereinbarung niederzulegen und ihr vollstreckbare Wirkung zuzuschreiben. Eine Sicherung der Vollstreckbarkeit einer Mediationsvereinbarung ist durch Gestaltung dieser als Schiedsspruch mit vereinbartem Wortlaut gem. § 1053 ZPO oder als weiterer Vollstreckungstitel gem.
§ 794 I Nr. 4b ZPO als Anwaltsvergleich denkbar[117].

1) Schiedsspruch mit vereinbartem Wortlaut, § 1053 ZPO

Es ist zu untersuchen, ob das Mediationsergebnis als Schiedsspruch mit vereinbartem Wortlaut i.S.v. § 1053 ZPO ausgestaltet werden kann[118]. Gem. § 1053 I S. 1 ZPO kann ein Vergleich der Parteien während des schiedsgerichtlichen Verfahrens durch das Schiedsgericht als Schiedsspruch mit vereinbartem Wortlaut festgehalten werden. Dieser hat unter den Parteien gem. § 1055 ZPO die Wirkung eines rechtskräftigen Urteils. Eine Mediationsvereinbarung würde durch ein derartiges Vorgehen eben diese Wirkungen erlangen; die Parteien hätten damit Sicherheit über die Rechtsverbindlichkeit ihrer Vereinbarung. In praktischer Umsetzung hieße das: Nach Abschluß der Mediation würde der Mediator als Schiedsrichter tätig werden und die Mediationsvereinbarung als Schiedsspruch mit vereinbartem Wortlaut festhalten[119].

Folgende Bedenken sprechen jedoch dagegen: Nach dem Gesetzeswortlaut können die Parteien einen Schiedsspruch mit vereinbartem Wortlaut beantragen (Abs.

---

§ 8; Richter/Schwartz, AuA 2000, S. 582 (584).

114 Krabbe/Diez, in: Krabbe, S. 128, 129.

115 Vgl. dazu Kraft: VersR 2000, S. 935 (939).

116 Lörcher, DB 1999, S. 789.

117 Kraft spricht außerdem noch den Titel durch Vergleich im Urkundenprozeß an. VersR 2000, S. 935 (939).

118 Vgl. Lörcher, DB 1999, S. 789/790. Außerdem Kraft, VersR 2000, S. 935 (939). Ausführlich zur Vollstreckung des Schiedsspruchs mit vereinbartem Wortlaut Saenger, MDR 1999, S. 662ff.

119 Dies ist die einzige Möglichkeit, Mediation als eigenständiges Verfahren aufrecht zu erhalten. Die von *Eidenmüller* (Eidenmüller, S. 51) in Betracht gezogene Möglichkeit, das Mediationsverfahren im Schiedsverfahren zu integrieren, entfremdet das Mediationsverfahren *an sich* und führt hinsichtlich der Frage, wie ein in durch Mediation erlangtes Ergebnis vollstreckt werden kann nicht wirklich zu einer Neuerung.

I S. 2), wenn sie sich während des schiedsgerichtlichen Verfahrens vergleichen (Abs. I S. 1). Bei einer Mediationsvereinbarung läge jedoch kein Vergleich vor, der *während* des Schiedsverfahrens erreicht wurde, sondern eine schon *vor* dem Schiedsverfahren erzielte Einigung[120]. Über diese Problemstellung ließe sich durch eine Auslegung der Vorschrift nach ihrem Sinn und Zweck wohl noch hinwegsehen; mit der Berührung von Mediation und Schiedsgerichtsverfahren geht aber ferner folgendes einher: Gem. § 1042 ZPO sind bei der Verhandlung vor dem Schiedsgericht allgemeine Verfahrensregeln zu beachten[121]. So ist gem. Abs. I jede Partei gleich zu behandeln und jeder Partei rechtliches Gehör zu gewähren. Diese Grundsätze stehen bei Mediation jedoch im Ermessen der Beteiligten; ihre Einhaltung ist nicht überprüfbar[122]. Einer Mediationsvereinbarung kann aber dann nicht die Wirkung eines Schiedsspruchs zugesprochen werden, wenn nicht feststeht, daß sie unter den gleichen Voraussetzungen zustande gekommen ist, die für einen Schiedsspruch maßgebend sind[123]. Zum Teil wird deshalb vorgeschlagen, nach Abschluß der Mediation ein nachträgliches Schiedsverfahren zu initiieren[124]. Dieser Weg ist aufgrund des zusätzlichen Zeit- und Kostenfaktors zwar umständlich, aber wohl die einzige mögliche Vorgehensweise.

Im Bereich des Individualarbeitsrecht spricht jedoch die gesetzliche Lage ausdrücklich gegen den genannten Weg der nachträglichen Initiierung eines Schiedsverfahrens, denn gem. §§ 101ff. ArbGG soll ein Schiedsgerichtsverfahren nur in bestimmten Fällen möglich sein. Es läge ein Widerspruch zu diesen Regelungen vor, wenn eine mediative Vereinbarung zwischen Arbeitgeber und Arbeitnehmer als Schiedsspruch mit vereinbartem Wortlaut ausgestaltet würde und somit „über Umwege" doch ein Schiedsverfahren stattfände. Im Ergebnis kann eine Mediationsvereinbarung zumindest im Individualarbeitsrecht nicht im Sinne des § 1053 ZPO festgehalten werden[125].

2) Mediationsvereinbarung als Anwaltsvergleich gem. §§ 794 I Nr. 4b, 796a-c ZPO

Des weiteren ist zu prüfen, ob eine Mediationsvereinbarung unter den Voraussetzungen der §§ 796a-c ZPO als Anwaltsvergleich ausgestaltet werden kann[126].

---

120 Vgl. Eidenmüller, S. 49; Lörcher, DB 1999, S. 789.

121 Vgl. dazu auch § 1.

122 Vgl. § 1 und § 5.

123 Eidenmüller, S. 49; Nach Lörcher sind diese Mindestanforderungen von Verfahrensregeln auch im Mediationsverfahren ständig zu beachten. So ist seiner Meinung nach der Gleichbehandlungsgrundsatz schon dann verletzt, wenn der Mediator mit nur einer Partei ein Einzelgespräch führt. Vgl. DB 1999, S. 789/790. Walter, ZZP 103, S. 142 (168).

124 Eidenmüller, S. 49; Kraft, VersR 2000, S. 935 (939).

125 *a.A. Lörcher, DB 1999, S. 789 (790); teilweise auch Eidenmüller, S. 48ff.*

Dann müßten die Parteien nach Beendigung der Mediation die Vereinbarung mit Vollstreckungsunterwerfung vom Gericht (§796a ZPO) oder von einem Notar (§ 796c ZPO) für vollstreckbar erklären lassen[127]. Dazu kommt die Beteiligung von Rechtsanwälten, denn gem. § 796a I ZPO muß der Vergleich von Rechtsanwälten im Namen und mit Vollmacht der Parteien geschlossen werden.

Einem solchen Vorgehen steht grundsätzlich nichts im Wege[128]. In der praktischen Umsetzung ist es jedoch recht umständlich. Denn wenn die Parteien zum Beispiel erst nach Abschluß der Mediation Anwälte aufsuchen, diese dann den Vergleich abschließen, um ihn dann gerichtlich oder notariell für vollstreckbar erklären zu lassen, ist dies ein recht zeit- und kostenintensiver Weg[129]. Für diejenigen, die darauf bedacht sind eine vollstreckbare Regelung zu erzielen, wird der Anwaltsvergleich in der Regel von Anfang an unkomplizierter sein. Oder: Es werden von Beginn an Anwälte als ‚Co-Mediatoren' tätig, die dann gleichzeitig die Befugnis erteilt bekommen, eine eventuelle Vereinbarung als Vergleich festzuhalten.

II) Ergebnis

Die Alternativen, einer Mediationsvereinbarung durchsetzungsfähige Rechtsbindung und damit Vollstreckbarkeit zukommen zu lassen, sind gering. Mithin scheint lediglich der Anwaltsvergleich als weiterer Vollstreckungstitel eine realistische Möglichkeit darzustellen. Dieses Ergebnis steht mit dem Sinn und Zweck der Mediation durchaus im Einklang, denn gerichtliche Atmosphäre und Wirkung sollen gerade vermieden werden. Die Vollstreckbarkeit einer Vereinbarung, die während eines Vermittlungsverfahrens getroffen wurde, ist zum einen nicht vordergründig[130] und zum anderen in vielen Fällen unrealistisch, denn oftmals liegt das Ergebnis von Mediation nicht in einer „rechtlichen", sondern in einer rein „menschlichen" Lösung, zum Beispiel in einer gegenseitigen Entschuldigung und einem Versprechen, zukünftig Streitigkeiten durch rechtzeitige Gespräche zu vermeiden. Die Vollstreckbarkeit einer derartigen Vereinbarung ist von vorn herein nicht vorstellbar.

---

126 Eidenmüller, S. 45ff.; Kraft, VersR 2000, S. 935 (939). Lörcher, DB 1999, S. 789. Noch auf die alte Rechtslage bezieht sich Prütting, in: Breidenbach/Henssler, S. 66.

127 Zum Anwaltsvergleich insgesamt vgl. Nerlich, MDR 1997, S. 416ff.

128 Ebenso Eidenmüller, S.45; Kraft, VersR 2000, S. 935 (939); Lörcher, DB 1999, S. 789.

129 Zu den Kosten äußert sich auch Eidenmüller, S. 45.

130 Kraft, VersR 2000, S. 935 (939); Prütting, in: Breidenbach/Henssler, S. 66; Redmann, FA 2000, S. 76 (78). Zum Teil wird Sicherung der Vollstreckbarkeit für kontraproduktiv gehalten. Es wird angenommen, daß Parteien, die sich einigen in aller Regel die Vereinbarung einhalten werden. Eidenmüller, S. 44.

§ 5 Vor- und Nachteile von Mediation

Offen geblieben ist bisher, aus welchen Gründen Mediation praktiziert wird, und damit welche Vorteile sie zum Beispiel gegenüber einem gerichtlichen Verfahren bietet. Ebenso wurden eventuelle Nachteile der außergerichtlichen Vermittlung, zum Beispiel die fehlende Vollstreckbarkeit einer mediativen Vereinbarung, nur am Rande behandelt. Nachfolgend wird deshalb untersucht, welche Vor- und Nachteile mit juristischem und psychologischem Hintergrund Mediation aufweist, um festzustellen, ob eine allgemeine Aussage über die Effektivität von Mediation als Streitlösungsmethode getroffen werden kann.

I) Vorteile mit juristischem Bedeutungsgehalt

1) Mögliche Justizentlastung

Ein rechtspolitischer Vorteil von Mediation liegt in einer möglichen Justizentlastung, denn eine erfolgreich beendete Vermittlung spart ein gerichtliches Verfahren und trägt damit zur Kostenverringerung in der Justiz bei[131]. Zwar bestehen bislang keine statistischen Erhebungen über die tatsächlichen Auswirkungen außergerichtlicher Streitbeilegung auf gerichtliche Verfahren. Schließlich steht der Rechtsweg den Parteien wegen Art 19 IV GG i.V.m. 20 III GG -Rechtsstaatsprinzip- weiterhin offen[132]. Die Einleitung eines gerichtlichen Verfahrens ist jedoch nicht mehr naheliegend, wenn Mediation für beide Parteien erfolgreich verlaufen ist[133].

---

131 Gottwald, WM 1998, S. 1257 (1258); Hage/Heilmann, AuA 1997, S. 339 (340); Leep, Beilage 10 zu BB 1998, S. 3ff; Matthies, NJW 1986, S. 792; Prütting, in: FS f. Hanau, S. 744, Röhl, in: Blankenburg/Gottwald/Strempel, S.17; Rosellen, in: Jahrbuch f. Rechtssoziologie u. Rechtstheorie, Bd. 6, S. 215; Wassermann, in: Blankenburg/Gottwald/Strempel, S. 203. Vgl. auch Frommel, ZRP 1983, S. 31 (33).
Kritisch: Falke/Gessner, in: Blankenburg/Gottwald/Strempel, S. 296.
Wagner zum Beispiel warnt davor, den Blick auf den Justizetat zu verengen und sich auf dessen Entlastung zu konzentrieren, die Folgekosten derartiger Maßnahmen in anderen Bereichen aber außer Acht zu lassen. JZ 1998, S. 836 (840). Nach Hoffmann-Riem bieten Finanzprobleme keine hinreichende Legitimation für Veränderungen von Strukturen im Rechtssystem. ZRP 1997, S. 191.
Vgl. außerdem Stock, in: Gottwald/Strempel, S. 113ff und Leutheusser-Schnarrenberger, NJW 1995, S. 441ff.

132 BVerfGE 54, S. 277 (291), Beschluß vom 11.06.80-1 BvR 194/78;
BVerfGE 84, S. 366 (369), Beschluß vom 8.10.91-1 BvR 1324/9; Maunz-Dürig, Art 20 GG (Rechtsstaatlichkeit), Rn.11.

133 Bastine/Link/Lörch, in: Duss-von-Werdt/Mähler/Mähler, S. 191; Proksch, FamRZ 1989, S. 916 (921); Walter, ZZP 103, S. 142 (143). Bei Mediation besteht in der Regel eine größere Verfahrenszufriedenheit als in einem gerichtlichem Verfahren. Ponschab/Dendorfer, Beilage zu BB 6/2001, S. 1.

2) Kosten- und Zeiteinsparung

Mediation spart im Idealfall nicht nur Kosten im Justizetat, sondern auch Ausgaben der Parteien[134]. Zum einen entstehen diesen keine Gerichtskosten, zum anderen ist die Dauer eines Mediationsverfahrens in der Regel kürzer als die eines gerichtlichen Verfahrens, so daß zum Beispiel ein beratender Anwalt für kürzere Zeit in Anspruch genommen werden kann[135]. Zwar ist der Zeitaufwand für Mediation einzelfallabhängig, jedoch können die Parteien auf das Fortschreiten der Verhandlung selbst Einfluß nehmen[136]. Während zum Beispiel zwischen Gütetermin und Kammertermin in der Arbeitsgerichtsbarkeit einige Monate vergehen können, legen die Medianten ihre Termine und das Ende der Verhandlung selbst fest[137].

3) Nichtöffentlichkeit

Wie erwähnt, findet Mediation unter Ausschluß der Öffentlichkeit statt[138]. Dadurch sind die Parteien in der Lage, Zugeständnisse zu machen, die sie unter Beteiligung der Öffentlichkeit nicht machen würden[139]. Das gilt beispielsweise für Wirtschaftsmediation: Hier wird oftmals Wert auf Vertraulichkeit gelegt, wenn der Rechtsstreit nicht publik werden soll[140]. Oder im Arbeitsrecht: Ein Arbeitgeber kann gegenüber einem Arbeitnehmer in einer Mediation eher zu Kompromissen bereit sein, als wenn er durch ein gerichtliches Verfahren eine Art allgemeiner Rechtssetzung für den Betrieb und damit eventuell weitere Arbeitnehmerbegehren befürchten muß.

---

134 Eyer, AuA 2000, S. 308; Haft, Beilage 10 zu BB 1998, S. 15; Kraft, VersR 2000, S. 935 (940); Ponschab/Dendorfer, Beilage zu BB 6/2001, S. 1/2; Risse, NJW 2000, S. 1614 (1618); Rosellen, in: Jahrbuch f. Rechtssoziologie und Rechtstheorie, Band 6, S. 215; Weigand, BB 1996, S. 2106 (2108). Zu den Kosten von Mediation in den USA, vgl. Grilli, AnwBl 1997,
S. 533. Ein Kostenvergleich mit einem gerichtlichen Verfahren bei Eidenmüller, S. 67.

135 Zu den Vor- und Nachteilen der geringen Kosten der Mediation für den Anwalt als Vermittler, vgl.: Ponschab, AnwBl 1997, 145ff.

136 Vgl. Haynes, in: Krabbe, S. 147. Damit einher geht die Planungssicherheit in Bezug auf das Ende des Konflikts. Ponschab/Dendorfer, Beilage zu BB 6/2001, S. 1.

137 Eine Trennungsmediation zum Beispiel nimmt nach Mähler/Mähler, in: Breidenbach/Henssler, S. 122, in der Regel zwischen fünf und zehn Sitzungen zu je anderthalb Stunden in Anspruch; ähnlich Schulz, AnwBl 1994, S. 273 (275).

138 Grilli, AnwBl 1997, S. 533 (534); Kraft, VersR 2000, S. 935 (940); Lörcher, DB 1998, S. 245, allerdings bezogen auf Schiedsgerichtsverfahren; Risse, NJW 2000, S. 1614 (1618).

139 Ponschab/Dendorfer, Beilage zu BB 6/2001, S. 2; Proksch, FamRZ 1989, S. 916 (920); Prütting, JZ 1985, S. 261 (268).

140 Vgl. Kraft, VersR 2000, S. 935 (940).

4) Loslösung von Rechtsnormen

Von juristischem Belang ist ferner die Loslösung von Rechtsnormen während der mediativen Verhandlung[141]. Mediation findet zwar nicht ohne Beachtung von Rechtsvorschriften statt, aber dennoch ohne ständige Auseinandersetzung mit konkreten Normen[142]. Sie bewegt sich sozusagen innerhalb der ‚Grenzen des Rechts'[143], was bedeutet, daß beispielsweise ein Ausschluß von zwingenden Mitbestimmungstatbeständen während einer Mediation zwischen Betriebsrat und Arbeitgeber nicht möglich ist[144]. Im Vergleich mit einem gerichtlichen Verfahren bedeutet das: Bei Mediation ist primär danach zu fragen, welche Interessen die Parteien haben und wie diese praktisch zu verwirklichen sind. Bei einer gerichtlichen Verhandlung dagegen, ist die Lösung des Streits vom Gesetz abhängig. Dort ist danach zu fragen, wie sich die Positionen der Parteien rechtlich durchsetzen lassen. Während im gerichtlichen Verfahren also nur die rein rechtliche und tatsachenbezogene Seite des Konflikts überprüft wird, sind bei Mediation auch emotionale Belange in die Verhandlung mit einzubeziehen[145]. Wichtig ist dennoch, wie bereits erläutert, eine umfassende Rechtskenntnis des Mediators oder die zusätzliche Beteiligung von Anwälten, um zwingende gesetzliche Vorschriften nicht zu übersehen[146]. Durch die geringe Berücksichtigung von Recht können darüber hinaus auch Parteien ohne juristischen Sachverstand an der Lösung ihrer Streitigkeit arbeiten. Sie werden nicht, wie bei einem gerichtlichen Verfahren, an den Rand des Geschehens um ihren Konflikt gedrängt[147]. Die Loslösung von gesetzlichen Vorschriften und die damit verbundene ‚eigene Lösung' kann deshalb unter Umständen zu einer konfliktfreieren zukünftigen Verbindung führen[148].

---

141 Gottwald, WM 1998, S. 1257 (1260); Hage/Heilmann, AuA 1997, S. 339 (341); Prütting, in: FS f. Hanau, S. 744; Röhl, in: Blankenburg/Gottwald/Strempel, S. 19.

142 Duss-von-Werdt/Mähler/Mähler, S. 41, 133; Eidenmüller, S. 1; Schöbel, JuS 2000, S. 372 (373); vgl. Redmann, FA 2000, S. 76 (77).

143 Sogenannter 'Schatten des Rechts', Mähler/Mähler, Rechtsanwaltshandbuch, C8, Rn. 53. Das Gesetz bildet den Verhandlungsrahmen, der von den Parteien auszufüllen ist. Duss-von-Werdt/Mähler/Mähler, S. 65ff.

144 Vgl. dazu Redmann, FA 2000, S. 76 (77).

145 Breidenbach, in: Breidenbach/Henssler, S. 4; Duss-von-Werdt/Mähler/Mähler, in: Krabbe, S. 156; Mengel, in AuR 1996, S. 491; Risse, NJW 2000, S. 1614 (1617); Schöbel, JuS 2000, S. 372 (373).

146 Diez/Krabbe, in: Krabbe, S. 129; Redmann, FA 2000, S. 76 (77); Schulz, AnwBl 1994, S. 273 (275); nach Kraft ist die Beteiligung von Anwälten zumindest in wirtschaftlichen Streitigkeiten erforderlich. VersR 2000, S. 935 (937).

147 Frommel, ZRP 1983, S. 31. Durch Mediation erreiche man einen Abbau hierarchischer Entscheidungsformen, vgl. Mähler/Mähler, in: Beck'sches Rechtsanwaltshandbuch, C 8, Rn. 7.

148 Dies steht im Einklang mit einer allgemeinen gesellschaftlichen Entwicklung, wonach jeder seinen Konflikt ‚am liebsten selbst' lösen möchte. Zum Teil wird in diesem Zusammenhang von „psychologischer Grundströmung unserer Zeit" (Prütting) oder von der „Reform, das Recht in die Gesellschaft zurückkehren zu lassen" gesprochen (Wesel). Es wird darauf

II) Vorteile mit psychologischem Bedeutungsgehalt

1) Schonende Streitlösung

Da Mediation und die ihr zugrundeliegende Verhandlung nach dem Harvard-Konzept auf Fairneß und wohlwollender Kommunikation basiert, ist sie für die Parteien eine schonende Art, den Konflikt zu beheben[149]. Dies ist gerade dann relevant, wenn die Parteien nach Beendigung ihrer Streitigkeit ihre Beziehung zueinander fortzusetzen haben[150]. Dazu kommt: Bei der Vermittlung durch einen Dritten, der nicht entscheidungsbefugt ist, sind die Parteien in der Regel eher bereit, ihre tatsächlichen Interessen offen darzulegen. Hier spielt der Wunsch, den Dritten auf die jeweilige Seite bringen zu müssen, keine Rolle[151].

2) ‚Win win' Lösung

Wurde mit Hilfe von Mediation erfolgreich vermittelt, haben die Parteien durch einen Interessenausgleich eine Vereinbarung getroffen, mit der sie zumindest weitgehend zufrieden sind. Es liegt ein Kompromiß vor, bei dem beide Beteiligten Zugeständnisse machen mußten. Durch das beidseitige Aufgeben von Anspruchsdenken gibt es weder eindeutige Gewinner- noch Verliererpositionen. Anstatt des einseitigen *'Alles-oder-Nichts-Prinzips'* liegt eine sog. ‚*win win solution*' und damit sog. subjektive Gerechtigkeit' vor[152]. Jeder hat den Konflikt teilweise gewonnen. Man ist damit Partner, und nicht wie oftmals nach Beendigung eines Gerichtsverfahrens Gegner[153].

---

hingewiesen, eine mit einem Gerichtsverfahren verbundene Formalisierung des Konflikts würde eine nicht immer effektive Veränderung des Ausgangskonflikts mit sich bringen. Vgl.: Prütting, in: FS f. Hanau, S. 744; Wesel, DIE ZEIT vom 18.11.99, S. 57.
In diesen Zusammenhang passt auch die zu beobachtende Tendenz, juristische Laien an juristischen Fragestellung zu beteiligen. Diese ist zum Beispiel auch im Arbeitsrecht durch teilweise Besetzung der Kammern mit ehrenamtlichen Richtern nach §§ 16, 20ff. ArbGG zu erkennen (vgl. Grunsky, NJW 1978, S. 1832 [1836]).
Durch Unabhängigkeit von streitlösenden Institutionen stärken die Parteien ihr Selbstbewußtsein.

149 Duss-von-Werdt/Mähler/Mähler, S. 45; Fisher/Ury/Patton, S. 208; Kraft, VersR 2000, S. 935 (940); Mähler/Mähler, in: Krabbe, S. 160/161; Risse, NJW 2000, S. 1614 (1618). Gottwald spricht in diesem Zusammenhang von „erlebter Verfahrensgerechtigkeit". WM 1998, S. 1257 (1258).

150 Frommel, ZRP 1983, S. 31; Ponschab/Dendorfer, Beilage zu BB 6/2001, S.1.

151 Duve, Anwalt 2/2001, S. 16 (18).

152 Breidenbach, AnwBl 1997, S. 135 (138); Duss-von-Werdt/Mähler/Mähler, S. 42; Gottwald, WM 1998, S. 1257 (1260); Ponschab/Dendorfer, Beilage zu BB 6/2001, S. 2; Proksch, FamRZ 1989, S. 916 (920).

153 Vgl.: Schöbel, JuS 2000, S. 372 (373); Risse, NJW 2000, S. 1614 (1618); ähnlich Prütting, JZ 1985, S. 261 (267). Laut Kraft werde die Einleitung des Gerichtsweges von dem gegnerisch Beteiligten nicht selten als Feindseligkeit empfunden. VersR 2000, S. 935 (940).

III) Nachteile mit juristischem Bedeutungsgehalt[154]

1) Rechtsverlust

Da Mediation als freiwilliges Streitbeilegungsverfahren keinerlei Fristen zu hemmen vermag, besteht die Gefahr eines zwischenzeitlichen Rechtsverlustes der Parteien[155]. Zum Beispiel: Arbeitnehmer und Arbeitgeber nehmen bei einer Kündigungsstreitigkeit im Rahmen des § 1 KSchG an einer Mediation teil, bei der der Arbeitnehmer seinen Arbeitgeber dazu veranlassen möchte, die Kündigung zurückzunehmen. Nach mehreren Terminen, die über einen Zeitraum von zwei Monaten verteilt wurden, scheitert die Mediation. Da in der Zwischenzeit die Kündigungsschutzklagefrist des §§ 4, 7 KSchG verstrichen ist, gilt die Kündigung als von Anfang an rechtswirksam. Der Arbeitnehmer kann die Kündigung nicht mehr beanstanden und hat damit einen Rechtsverlust erlitten[156]. Ebenso liegt es zum Beispiel bei der Einhaltung der Frist des § 61 b I ArbGG, nach der im Bereich von Klagen bezüglich § 611 a BGB die Klage innerhalb von drei Monaten nach schriftlicher Geltendmachung des Anspruchs erhoben werden muß. Für Streitigkeiten, bei denen es auf die Einhaltung von Fristen ankommt oder bei denen die Gefahr der Verjährung besteht, kann Mediation folglich Risiken in sich bergen[157].

2) Keine prozessualen Wirkungen

Da es sich bei Mediation um ein gesetzlich in keiner Weise geregeltes Verfahren handelt, werden sämtliche Prozeßwirkungen vermieden, d.h., es entsteht beispielsweise kein Anspruch auf Prozeßkostenhilfe oder Prozeßkostenzinsen[158]. Auch ist eine gesteigerte Haftung nach Geltendmachung eines Anspruchs ebenso wie die Vollstreckbarkeit der mediativen Vereinbarung[159] ausgeschlossen.

---

154 Abstrakt getroffene Aussagen, wie zum Beispiel, außergerichtliche Streitlösungsverfahren sei ein Mittel der Starken zur Schwächung der Schwachen finden hier keine Beachtung. So zum Beispiel Werner-Schneider, Streit 1991, S. 16ff., die Mediation als Rechtsschutzverringerung ansieht.

155 Zu diesem Problem: Eidenmüller, S. 29; Prütting, JZ 1985, S. 261 (269); Preibisch, S. 216; Wagner, NJW 2001, S. 182ff.

156 Zu der Frage, ob Möglichkeiten bestehen, den Rechtsschutz während der Mediation bei Kündigungsstreitigkeiten gem. § 1 KSchG aufrecht zu erhalten, vgl. § 7.

157 Prütting spricht von faktischem Rechtsschutzabbau und Verringerung der Rechtsstaatlichkeit, JZ 1985, S. 261 (269 u. 271 a.E.). Laut Kraft sollten die Parteien eine Regelung treffen, die es ihnen ermöglicht, das Mediationsverfahren ohne Fristendruck durchzuführen. In Bezug auf Verjährung komme insbesondere ein Einredeverzicht, hinsichtlich laufender Prozesse die Aussetzung des Verfahrens in Betracht. VersR 2000, S. 935 (938). Vgl. außerdem Risse, NJW 2000, S. 1614 (1618).

158 Dazu Prütting, JZ 1983, S. 261 (271).

159 Es sei denn man gestaltet die Mediationsvereinbarung als Anwaltsvergleich, vgl. § 4.

3) Nichtöffentlichkeit

Im vertraulichen Rahmen werden zwar Zugeständnisse gemacht, diese gelangen aber nicht an die Öffentlichkeit. Der jeweilige Konflikt wird privatisiert, jeglicher Kontrolle von außen und richterlicher Rechtsfortbildung entzogen[160]. Beteiligte von ähnlichen Streitproblematiken haben damit keine Lösungsanhaltspunkte. Darüber hinaus kann eine Konfliktpartei bei mehreren einzelnen Mediationen unterschiedlich entscheiden, was möglicherweise Gleichbehandlungsgrundsätzen widerspricht. Dies ist zum Beispiel bei Entscheidungen eines Arbeitgebers im Hinblick auf verschiedene Mediationen mit gleichbleibendem Streitinhalt vorstellbar. Es fehlt der Mediation somit an allgemeiner Rechtsdurchsetzungsmöglichkeit.

4) Keine Sicherung von Verfahrensgarantien

Bei Mediation als nichtförmlichem Verfahren besteht keine Einhaltungspflicht verfassungsrechtlicher Verfahrensgarantien. Die Parteien können bei der Gestaltung des Verfahrens selbst entscheiden, inwieweit sie zum Beispiel dem rechtlichen Gehör eine Bedeutung zukommen lassen wollen[161]. Dabei sind negative Folgen für eine unterlegene Partei vorstellbar[162]. Allerdings ist zweifelhaft, ob dieser Punkt tatsächlich derartig negativ zu bewerten ist: Angenommen, zwei Arbeitskollegen streiten sich und ein dritter Arbeitnehmer kommt hinzu. Dieser versucht zwischen den anderen zu vermitteln und erzielt einen Ausgleich. In einem solchen Fall (einer Art zufälligen Mediation) würde niemand auf den Gedanken kommen, nach verfassungsrechtlichen Verfahrensgarantien zu fragen. Bei Mediation liegt der Fall im Grunde nicht anders, da sie eben kein förmliches Verfahren ist[163]. Weil keine Entscheidung durch Dritte gefällt wird, spielen verfassungsrechtliche Verfahrensgarantien nur bedingt eine Rolle[164]. Parteien, die sich für eine Konfliktbearbeitung durch Mediation entscheiden, werden außerdem im Regelfall Verfahrensgarantien von selbst beachten. Denn ohne ‚gegenseitiges Zuhören' ist Mediation von vorn herein nicht durchführbar[165].

---

160 Kraft, VersR 2000, S. 935 (940); Risse, NJW 2000, S. 1614 (1618, FN 68); Wagner, JZ 1998, S. 837.

161 Prütting, JZ 1985, S. 261 (270).

162 Prütting, JZ 1985, S. 261 (270).

163 Vgl. Duve, Beilage 10 zu BB 1998, S. 9ff; Wagner, JZ 1998, S. 837 (845)

164 Darauf weist Walter hin, ZZP 103, S. 142 (161).

165 Kraft, VersR 2000, S. 935 (940); Walter, ZZP 103, S. 142 (161); *a.A. Lörcher, DB 1999, S. 789/790, seiner Auffassung nach müssen die allgemeinen Verfahrensgrundsätze während des gesamten Mediationsverfahrens beachtet werden.*

IV) Nachteile mit psychologischem Bedeutungsgehalt

Nachteile mit psychologischem Bedeutungsgehalt sind nur in geringem Umfang ersichtlich. So ist vorstellbar, daß Zugeständnisse, die zum Beispiel Ehepaare während einer Trennungsmediation machen, eine ungewollte emotionale Öffnung mit sich bringen, die nach der Mediation bereut wird. Ein unlauterer Konfliktgegner zum Beispiel könnte auf diesem Wege Informationen erlangen und diese später zu ungunsten der anderen Partei verwerten[166], wenn keine Vertraulichkeitsvereinbarung besteht[167].

V) Zusammenfassung

Zusammengefaßt stehen sich folgende Vor- und Nachteile von Mediation gegenüber:

Vorteile	**Nachteile**
Justizentlastung	Rechtsverlust
Kosten- und Zeitseinsparung	Keine prozessualen Wirkungen
Nichtöffentlichkeit	Nichtöffentlichkeit
Loslösung von Rechtsnormen	Keine Sicherung von Verfahrensgarantien
Schonende Streitlösung	Später bereute emotionale Öffnung
‚Win win solution'	

Anhand der Vor- und Nachteile kann nicht allgemein festgestellt werden, ob Mediation grundsätzlich zu befürworten ist oder nicht. Ob sie zur Lösung von Konflikten effektiv beitragen kann, kann deshalb nur von der Art der Streitigkeit abhängen. Am geeignetsten scheint Mediation für solche Konflikte zu sein, bei denen die Parteien ihr Verhältnis noch fortsetzen müssen. Bei Fällen hingegen, in denen es um die tatsächliche Durchsetzung von Ansprüchen geht, könnte der gerichtliche Weg effektiver sein. Im nachfolgenden Teil der Arbeit wird untersucht, ob Mediation bei arbeitsrechtlichen Konflikten herangezogen werden kann/sollte.

---

166 Dieses Problem sehen zum Beispiel Kraft, VersR 2000, S. 935 (940) und Risse, NJW 2000, S. 1614 (1620).

167 Vgl. § 3.

Teil II: Mediation im Individualarbeitsrecht

Mediation hat sich, wie bereits erwähnt, in Deutschland im Familienrecht, Verwaltungsrecht und innerhalb des Täter-Opfer-Ausgleichs etabliert. Im Individualarbeitsrecht hat sie bisher jedoch untergeordnete Bedeutung[168]. Die möglichen Gründe dafür werden im Folgenden untersucht. Wo liegen die Unterschiede zwischen Individualarbeitsrecht und den Rechtsgebieten, in denen Mediation praktiziert wird? Zum einen ist im Individualarbeitsrecht neben wenigen außergerichtlichen Schlichtungsmöglichkeiten der arbeitsgerichtliche Gütetermin nach § 54 ArbGG von Bedeutung. Dieser stellt eine Art Schlichtungsstelle, allerdings auf gerichtlichem Wege dar. Zum anderen ist die individualarbeitsrechtliche Konfliktsituation zwischen Arbeitgeber und Arbeitnehmer eine besondere (Stichwort Abhängigkeitsverhältnis). Nachfolgend wird deshalb de lege lata erläutert, ob die bestehenden Streitlösungsmöglichkeiten, insbesondere der Gütetermin gem. § 54 ArbGG den Bedarf an Mediation im Individualarbeitsrecht decken. Und: Ob Mediation bei individualarbeitsrechtlichen Konflikten aufgrund der besonderen Rechtsbeziehung zwischen Arbeitgeber und Arbeitnehmer überhaupt effektiv sein kann, womit effektiv nicht nur Kosten und Dauer des Verfahrens, sondern vor allem Rechtsschutzgewähr für die Beteiligten meint[169]. Hier kann die Effektivität beispielsweise auch verneint werden, wenn ein Recht des Arbeitgebers (zum Beispiel auf Kündigung) in Gefahr ist.

§ 6 Streitlösung im Individualarbeitsrecht

Konfliktlösung im Individualarbeitsrecht findet durch außergerichtliche Schlichtung, private Schiedsgerichtsbarkeit und auf üblichem Gerichtsweg statt.

I) Außergerichtliche Schlichtung

Gesetzlich angeordnete Schlichtungsverfahren enthält das Individualarbeitsrecht nur vereinzelt und nur für spezielle Konfliktsituationen, von denen hier § 111 II ArbGG und § 28 ArbNErfG näher erläutert werden sollen.

---

168 Auch die Anzahl der Publikationen zu dem Thema ‚Mediation im Arbeitsrecht' ist noch vergleichsweise (zum Beispiel zum Familienrecht) gering. Vgl.: Budde, in: Henssler/Koch, § 15; dies., in: Strempel, S. 99ff.; Hage/Heilmann, AuA 1997, S. 339ff.; Ponschab/Dendorfer, Beilage zu BB 6/2001, S. 1ff.; Prütting, in: FS f. Hanau, S. 743ff.; Stevens-Bartol, in: Breidenbach/Henssler, S. 141ff.; Thau/Pusch, AuA 1997, S. 343ff.; Schubert, AiB 2000, S. 52ff.

169 In Anlehnung an den Begriff der Effektivität durch gerichtliche Verfahren im Zusammenhang mit der Rechtsweggarantie, BVerfGE 88, S. 118 (123), Beschluß vom 2.03.1993-1 BvR 249/92. Vgl. außerdem die Ausführungen bezüglich einer Mediationspflicht, § 8.

1) § 111 II ArbGG

a) Verfahren

Gemäß § 111 II ArbGG können zur Beilegung von Streitigkeiten im Ausbildungsverhältnis Ausschüsse gebildet werden, die Ausbilder und Auszubildenden mündlich anzuhören haben und einen Schlichtungsspruch fällen können, wenn zwischen den Parteien keine Einigung erzielt wird[170]. Die Streitbeteiligten können sich bei dem Verfahren vor dem Ausschuß anwaltlich vertreten lassen[171].
Da § 111 II ArbGG eine Ermessensvorschrift ist, geht die h.M. davon aus, daß die Anrufung des Ausschusses prozessuale Voraussetzung vor Klageerhebung ist[172]. Wird nach der Anhörung ein Schlichtungsspruch gefällt, ist dieser verbindlich und unterliegt der Zwangsvollstreckung, wenn die Parteien ihn anerkennen oder nicht innerhalb von zwei Wochen Klage vor dem Arbeitsgericht erheben, § 111 II 3 ArbGG[173].

b) Mediationsbedarf

Bei § 111 II ArbGG handelt es sich um einen Fall obligatorischer Schlichtung, die vom Gesetzgeber unter Berücksichtigung der besonderen Abhängigkeitslage zwischen Auszubildendem und Ausbilder angeordnet wurde, um eine Gegenüberstellung in Gerichtsatmosphäre nach Möglichkeit zu vermeiden[174]. Da für Streitigkeiten im Ausbildungsverhältnis somit bereits ein außergerichtliches Schlichtungsverfahren existiert, ist fraglich, ob für Mediation als weiteres außergerichtliches Verfahren noch Bedarf besteht. Zwar unterscheiden sich Mediation und § 111 II ArbGG zum Beispiel in der Möglichkeit der anwaltlichen Vertretung oder in der rechtlichen Verbindlichkeit einer gefundenen Lösung voneinander. Dennoch ist ein Erfordernis für Mediation nicht anzunehmen. Mit dem durch § 111 II ArbGG geregelten Vorschaltverfahren ist den Interessen von Auszubildendem und Ausbilder im Konfliktfall genügt. Sie haben die Möglichkeit, die

---

170 Weitere Verfahrensregeln sind gesetzlich nicht normiert. Der Ausschuß hat demnach das Vorgehen nach freiem Ermessen, unter Berücksichtigung verfassungsrechtlicher Vorgaben zu bestimmen. Germelmann/Matthes/Prütting, § 111 ArbGG, Rn.29ff.; GK-ArbGG/Ascheid, Rn.22; Götz, Rn.661; Grunsky, § 111 ArbGG, Rn.6.

171 Germelmann/Matthes/Prütting, § 111 ArbGG, Rn.35; Grunsky, § 111 ArbGG, Rn.6.

172 Aufgrund dessen ist die zwingende Wirkung des § 111 II ArbGG in den Fällen, in denen ein Ausschuß besteht, streitig. Vgl.: Germelmann/Matthes/Prütting, § 111 ArbGG, Rn.19; GK-ArbGG/Ascheid, § 111, Rn.2; Grunsky, § 111 ArbGG, Rn.3; Hauck, § 111 ArbGG, Rn.3; Schaub, NZA 2000, S. 345. Kritiker der Vorschrift sehen in ihr eine Normierung des ungleichen Zugangs zu Gericht und nehmen deshalb einen Verfassungsverstoß an. So zum Beispiel Germelmann/Matthes/Prütting, § 111 ArbGG, Rn.19. Vgl. außerdem Prütting, in: FS f. Hanau, S. 743 (745).

173 Nach neuerer Gesetzeslage findet das Güteverfahren nach § 54 ArbGG trotz vorhergegangenem Schlichtungsverfahren statt. § 111 II S. 8 ArbGG wurde gestrichen.

174 Germelmann/Matthes/Prütting, § 111 ArbGG, Rn.17; Götz, Rn.1; Hauck, § 111 ArbGG, Rn.3; Hurlebaus, BB 1975, S. 1533 (1534).

Streitigkeit zunächst vor einem außergerichtlichen Ausschuß zu erörtern. Da das Verfahren nach § 111 II ArbGG bei Bestehen eines Ausschusses Prozeßvoraussetzung ist, ist eine zusätzliche Inanspruchnahme von Mediation durch die Parteien fernliegend. Sie würde den Weg der Streitbewältigung im Falle ihres Scheitern unnötig verlängern, da die Parteien vor Einleitung des Gerichtsweges dennoch den Schlichtungsausschuß anrufen müßten. Im Ergebnis besteht deshalb kein Bedürfnis an Mediation für Konflikte, die aus einem Ausbildungsverhältnis resultieren.

2) §§ 28 ff ArbNErfG

a) Verfahren

Gem. § 28 S. 1 ArbNErfG kann in allen Streitfällen zwischen Arbeitnehmer und Arbeitgeber, die ihren Ursprung in Erfindungen des Arbeitnehmers haben, jederzeit die beim Patentamt zu errichtende Schiedsstelle angerufen werden. Gem. S. 2 hat diese zu versuchen, eine gütliche Einigung herbeizuführen. Ihre Anrufung ist vor Klageerhebung, bis auf die in § 37 II geregelten Ausnahmen, gem. § 37 I ArbNErfG zwingende Prozeßvoraussetzung. Sinn und Zweck des Verfahrens ist die Erhaltung des Rechts– und Arbeitsfriedens und damit im weitesten Sinne der Arbeitnehmerschutz[175]. Da Streitigkeiten über Arbeitnehmererfindungen im *bestehenden* Arbeitsverhältnis auftreten, soll es für den Arbeitnehmer eine Erleichterung sein, zunächst die Schiedsstelle anzurufen, um eine Gegenüberstellung mit dem Arbeitgeber in Gerichtsatmosphäre zu vermeiden, weil diese das Arbeitsverhältnis negativ belasten würde[176]. Im Gegensatz zum Schlichtungsausschuß nach § 111 II ArbGG kann die Schiedsstelle beim Patentamt keinen verbindlichen Spruch fällen. Sie hat lediglich das Recht, einen Einigungsvorschlag zu machen, der von den Parteien angenommen werden kann.

b) Mediationsbedarf

Ebenso wie bei § 111 II ArbGG handelt es sich bei dem Verfahren nach § 28 ArbNErfG um ein obligatorisches Schlichtungsverfahren (obwohl § 28 S. 1 ArbNErfG als Ermessensvorschrift formuliert ist), § 37 I BetrVG[177]. Deshalb gelten die Ausführungen zu § 111 ArbGG auch hier. Der Bedarf an Mediation im Bereich von Streitigkeiten aus dem ArbNErfG ist durch das Schiedsstellenverfahren gedeckt. Es existiert bereits ein außergerichtliches Verfahren mit schlichtender Funktion, welches eine gütliche Einigung der Parteien erreichen

175 Bartenbach/Volz, Rn.434.

176 Vgl. Reimer/Schade/Schippel, Vorbem. zu § 28 ArbNErfG, Rn.2. In der Praxis handelt es sich jedoch zumeist um Streitigkeiten zwischen Arbeitgebern und ausgeschiedenem Arbeitnehmererfinder. Vgl. Bartenbach/Volz, Rn.434.

177 Vgl. zu den Fällen, in denen die Anrufung nicht Prozeßvoraussetzung ist Bartenbach/Volz, Rn.442ff.

soll. Darüber hinaus zeichnet die Schiedsstelle für Streitigkeiten im Bereich der Arbeitnehmererfindungen ihre sachkundige Besetzung sowohl in juristischer als auch in technischer Hinsicht aus[178], die bei einem Mediator im Regelfall nicht zu finden sein dürfte. Für Mediation bleibt hier daher kein Raum.

3) Ergebnis

Außergerichtliche Konfliktlösungsmöglichkeiten im Individualarbeitsrecht sind nur in Nebengebieten zu finden und betreffen deshalb lediglich eine minimale Anzahl von möglichen Streitigkeiten im Arbeitsverhältnis[179]. Für diese Konflikte ist der Bedarf an Mediation allerdings durch die gesetzlich angeordneten Verfahren gedeckt.

II) Private Schiedsgerichtsbarkeit

Die private Schiedsgerichtsbarkeit[180] gem. §§ 101ff ArbGG spielt im Individualarbeitsrecht eine untergeordnete Rolle[181]. Sie ist dort nur möglich, wo die Tarifvertragsparteien die Arbeitsgerichtsbarkeit gem. § 4 ArbGG durch Tarifvertrag für bürgerliche Rechtsstreitigkeiten aus dem Arbeitsverhältnis gem. §§ 2 I u. II ArbGG ausgeschlossen haben. Dies gilt dann nur für tarifgebundene Personen und ist lediglich möglich, wenn der persönliche Geltungsbereich des Tarifvertrages überwiegend die in § 101 II ArbGG genannten Berufsgruppen erfaßt. Aufgrund dessen spielt die Schiedsgerichtsbarkeit im Theater- und Medienbereich durchaus eine Rolle[182]. Im übrigen finden gem. § 101 III ArbGG die Vorschriften der ZPO über das schiedsgerichtliche Verfahren (§§ 1025 ff ZPO) keine Anwendung.

---

178 Reimer/Schade/Schippel, Vorbem. zu § 28 ArbNErfG, Rn.2.

179 Als weitere außergerichtliche Schlichtungsstellen im Individualarbeitsrecht ist noch die Schlichtungsstelle beim Seemannsamt zu nennen, die vorläufige Entscheidungen treffen kann, wenn Konflikte auf hoher See auftreten, § 111 I 2 ArbGG i.V.m. der Seemannsverordnung.

180 Vgl. § 1.

181 Dazu Grunsky, NJW 1978, S. 1832 (1833), der sich deutlich gegen die geringe Bedeutung der Schiedsgerichtsbarkeit im Arbeitsrecht ausspricht und Änderungsvorschläge der §§ 101ff. ArbGG macht. Kritisch auch Thau/Pusch, AuA 1997, S. 343. Vgl. auch Langer, in: FS zum 100 jährigen Bestehen des dt. Arbeitsgerichtsverbandes, S. 465ff.
Eine ausführliche Auseinandersetzung mit der privaten Schiedsgerichtsbarkeit im deutschen und amerikanischen Arbeitsrecht findet sich bei Gruber: Die Schiedsgerichtsbarkeit in Arbeitsstreitigkeiten in den USA und Deutschland.

182 Dazu Vogel, der sich eingehend mit der Bühnenschiedsgerichtsbarkeit beschäftigt, NZA 1999, S. 26ff.

III) Der Gütetermin, § 54 ArbGG

Außergerichtliche Streitlösungsverfahren und Schiedsgerichtsbarkeit nehmen wie aufgezeigt keinen überragenden Einfluß auf die Lösung von Konflikten im Arbeitsverhältnis und damit auch nicht auf Mediation. Es besteht eine Dominanz des üblichen Gerichtsweges, der durch § 54 ArbGG die Besonderheit des arbeitsgerichtlichen Gütetermins enthält[183]. Für das Individualarbeitsrecht wurde somit der Schwerpunkt bei der Streitschlichtung auf das gerichtliche Verfahren gesetzt[184]. Zu untersuchen ist deshalb, ob durch die Konstruktion des arbeitsgerichtlichen Verfahrens der Bedarf an außergerichtlicher Streitlösung, insbesondere an Mediation gedeckt ist[185]. Eine dahingehende Annahme kann lediglich dann gerechtfertigt sein, wenn der Gütetermin im Vergleich zu Mediation für die Parteien das effektivere Verfahren darstellt. Um hier zu einer Antwort zu gelangen, wird nachfolgend das Güteverfahren erläutert und mit Mediation verglichen[186].

1) Verfahren

Gem. § 54 I 1 ArbGG beginnt die mündliche arbeitsgerichtliche Verhandlung vor dem Vorsitzenden zum Zwecke der gütlichen Einigung der Parteien (Güteverhandlung)[187]. Der Vorsitzende hat bei allen Urteilsverfahren den Gütetermin anzuordnen; ein Verhandlungszwang der Parteien besteht jedoch nicht. Gem. § 54 V ArbGG wird das Ruhen des Verfahrens angeordnet, wenn die Parteien zum Gütetermin nicht erscheinen[188]. Der Richter übernimmt bei der Güteverhandlung die Rolle der Streitschlichtung, eine Entscheidung gegen den Willen der Parteien ergeht nur nach Maßgabe des § 55 ArbGG. Da die Güteverhandlung Teil der möglicherweise folgenden Verhandlung ist, dient sie nicht ausschließlich dem Zwecke der Einigung, sondern auch der Vorbereitung der streitigen Hauptverhandlung[189]. Im übrigen kann das Güteverfahren außer durch gütliche Einigung im Sinne eines Vergleichs, bis zum Stellen der Anträge auch einseitig durch Klagerücknahme gem. § 54 II ArbGG beendet werden[190]. Zum Zwecke der gütlichen Einigung hat

---

183 Kritik am Gütetermin und den Wunsch einer Angleichung des arbeitsgerichtlichen Verfahrens an die ZPO (§ 279) äußert Grunsky, NJW 1978, S. 1832 (1837).

184 Dazu Bieler/Hage/Heilmann, AiB 1998, S. 677 (689); Ponschab/Dendorfer, Beilage zu BB 6/2001, S. 2.

185 So Prütting, der den Ruf nach außergerichtlicher Streitlösung weitgehend verdrängt sieht, in: FS f. Hanau, S. 743 (753).

186 Einen weiteren Verfahrensvergleich bei Henkel, NZA 2000, S. 929ff; Ponschab/Dendorfer, Beilage zu BB 6/2001, S. 2.

187 Der Gütetermin findet ausschließlich vor dem Vorsitzenden statt. Eine Beteiligung von ehrenamtlichen Richtern ist nicht möglich. Germelmann/Matthes/Prütting, § 54 ArbGG, Rn.6; van Venrooy, ZfA 1984, S. 337 (338 in Fn.1).

188 Vgl. ErfK/Schaub, § 54 ArbGG, Rn.2.; van Venrooy, ZfA 1984, S. 338 (341).

189 ErfK/Schaub, § 54 ArbGG, Rn.1; Germelmann/Matthes/Prütting, § 54 ArbGG, Rn.2; Prütting, in: FS f. Hanau, S. 743 (751); van Venrooy, ZfA 1984, S. 337 (339).

190 Insofern ist der gesetzliche Begriff der Einigung nicht wörtlich zu nehmen, vgl. van Venrooy, ZfA 1984, S. 338 (339).

der Vorsitzende das gesamte Streitverhältnis zu erörtern, worunter das Begehren des Klägers aus dem Klageantrag, ergänzt um die Position der Gegenseite zu verstehen ist[191]. Dabei werden nicht nur juristische, sondern auch soziale und wirtschaftliche und im weitesten Sinn psychologische Gesichtspunkte berücksichtigt[192]. Zum Beispiel: Ein beklagter Arbeitgeber äußert sich während des Gütetermins dahingehend, er würde im Einzelfall zwar zu einem Abfindungsvergleich bereit sein, er befürchte jedoch, daß nachfolgend auch andere Arbeitnehmer mit den gleichen Begehren auf ihn zu kämen. Dieser für den Arbeitgeber wirtschaftlich relevante Punkt möglicher Reaktionen im Betrieb, der vor allem bei Bestehen eines Betriebsrates naheliegend ist, ist in der Güteverhandlung vom Vorsitzenden bei der Ausarbeitung eines Einigungsvorschlages zu beachten[193]. Abschließend ist noch auf die neuere Rechtslage zu verweisen: Die Güteverhandlung kann seit dem 1.5.2000 gem. § 54 I 5 ArbGG auf mehrere Termine verteilt werden[194]. Damit wurde die Möglichkeit, eine Einigung zwischen den Parteien zu erzielen zumindest zeitlich erweitert.

2) Gemeinsamkeiten von Güteverhandlung und Mediation

Eine Parallele von Güteverhandlung und Mediation liegt in der Erörterung des Streitverhältnisses, denn bei beiden Verfahren werden nicht ausschließlich juristische, sondern auch vom Recht unabhängige Punkte berücksichtigt. Eine weitere Gemeinsamkeit ist in der Rolle des beteiligten Dritten zu erkennen. Richter und Mediator können den Konflikt nicht einseitig beenden. Beide üben lediglich schlichtende Funktionen aus, wobei dem Richter jedoch zum Teil alleinentscheidende Möglichkeiten gem. § 55 ArbGG zukommen. Bei beiden Verfahren wird den Parteien somit die Chance gegeben, ihren Konflikt selbst zu lösen.

3) Unterschiede der Verfahren mit juristischem Hintergrund

Güteverhandlung	Mediation
Gerichtlich	Außergerichtlich
Gesetzlich vorgegeben und damit zwingend.	Fakultativ
Ein getroffener Vergleich ist verbindlich und vollstreckbar.	Mediationsvereinbarung trägt die Verbindlichkeit einer vertraglichen Abrede und ist nicht voll-

191 van Venrooy, ZfA 1984, S. 337 (359).

192 ErfK/Schaub, § 54 ArbGG, Rn.10; Germelmann/Matthes/Prütting, § 54 ArbGG, Rn.21; Grunsky, § 54 ArbGG, Rn.9.

193 Vgl. Grunsky, § 54 ArbGG, Rn.9; van Venrooy, ZfA 1984, S. 338 (359).

194 Zu den Änderungen von § 54 ArbGG durch das Gesetz zur Vereinfachung und Beschleunigung des arbeitsgerichtlichen Verfahrens: Schaub, NZA 2000, S. 344ff.

	streckbar.
Das Güteverfahren beginnt, weil eine Streitpartei Klage erhoben hat. Diese Klageschrift muß gem. § 253 I Nr. 2 ZPO einen bestimmten Klageantrag unter Angabe der Ansprüche enthalten.	Mediation beginnt, weil beide Streitparteien sich dafür entschieden haben. Dabei werden keine Rechtsansprüche formuliert, sondern Interessen.
Formelles Verfahren	Informell
Öffentlich, Ausnahme § 52 S.2 ArbGG.	Nicht öffentlich.
Vertretung durch Anwälte möglich	Vertretung würde dem Zweck von Mediation widersprechen.

4) Unterschiede mit psychologischem Hintergrund

Güteverhandlung	**Mediation**
Hauptanliegen ist Erledigung der Streitsache vor Gericht. Oftmals ist der Gütetermin für die Gerichte eine bloße Formsache[195].	Hauptanliegen ist Konfliktursachenforschung zur Gestaltung einer konfliktfreien Beziehung.
In der Güteverhandlung kann der Richter seine Aussichten bzgl. eines möglichen Prozesses kundtun und damit die Parteien mittelbar beeinflussen[196].	Bei Mediation geht es tatsächlich nur um Einigung aufgrund von Interessenausgleich. Der Mediator hat keine Möglichkeit, Erfolgsaussichten einer Klage zu erörtern.
Die Öffentlichkeit der Güteverhandlung kann Reaktionen im Betrieb hervorrufen, die dem Arbeitgeber zwar nicht den Zwang einer allgemeinen Rechtsanwendung auferlegen, ihn aber ggf. unter Druck setzen.	Die Gefahr des Drucks durch betriebliche Reaktionen besteht bei Mediation nur bedingt, denn erstens ist durch die Nichtöffentlichkeit eine private Sphäre gewahrt; Nichtbeteiligte können unter Umständen nichts von der Mediation erfahren. Zweitens ist die detaillierte Auseinandersetzung mit den Interessen der Beteiligten tatsächlich einzelfallbezogen.

195 van Venrooy, ZfA 1984, S. 338 (342, Fn.17).

196 ErfK/Schaub, § 54 ArbGG, Rn.10; Prütting, in: FS f. Hanau, S. 743 (751); Stevens-Bartol, in: Breidenbach/Henssler, S. 142ff.

Der Konflikt verläßt den privaten Bereich und wird „verrechtlicht“.	Der Konflikt bleibt innerhalb einer privaten Sphäre.

5) Ergebnis

Anhand der Differenzierungskriterien kann nicht pauschal festgestellt werden, welches Verfahren für Streitigkeiten aus dem Arbeitsverhältnis effektiver ist, denn sowohl Gütetermin als auch Mediation können zur Konfliktlösung beitragen[197]. So kann zum Beispiel der gerichtliche Weg bei der Frage der Wirksamkeit einer Kündigung für den Arbeitnehmer günstiger sein. Hier spielen auch gesetzliche Vorschriften eine Rolle. Beispielsweise ist bei einer Kündigungsstreitigkeit nach dem KSchG die Klagefrist nach §§ 4, 7 KSchG einzuhalten. Aber auch die Anwendung von Mediation kann für manche Fälle vorteilhafter sein, zum Beispiel, wenn es um Streitigkeiten im Rahmen eines bestehenden Arbeitsverhältnisses geht. Eine allgemeingültige Aussage, das Bedürfnis an Mediation sei durch die Güteverhandlung gedeckt, ist deshalb nicht möglich. Vielmehr muß weiter ausgeholt werden: Jeder Konflikt ist im einzelnen auf den Bedarf an außergerichtlicher Vermittlung und damit zusammenhängenden Problemen zu überprüfen. Zu diesem Zweck sind arbeitsvertragliche Konflikte im folgenden in Gruppen von Kündigungsstreitigkeiten, Inhaltsstreitigkeiten, Streitigkeiten unter Beteiligung weiterer Arbeitnehmer, etc unterteilt[198].

§ 7 Individualarbeitsrechtliche Konflikte

Zunächst ist das Verhältnis zwischen Arbeitgeber und Arbeitnehmer *an sich* zu untersuchen, denn dieses bringt vertragliche Besonderheiten mit sich, die sich ggf. auf die Anwendung von Mediation auswirken könnten[199]. Das Problem der arbeitsvertraglichen Beziehung[200] liegt in der Definition des Arbeitnehmerbe-

---

197 Vgl. insgesamt zu dem Themenkreis individualarbeitsrechtliche Konflikte: Budde, in: Henssler/Koch, § 15; v.Hoyningen-Huene, G., NZA 1987, S. 577ff.; Kirsch/Esser, in: Handwörterbuch d. Personalwesens, Sp. 1118ff.; Tomandl, Innerbetriebliche Arbeitnehmerkonflikte aus rechtlicher Sicht.

198 Zahlenmäßig verhalten sich diese Streitigkeiten zueinander folgendermaßen: Während Konflikte über den Bestand des Arbeitsverhältnisses und das Arbeitsentgelt zusammen ca. 70% ausmachen, nehmen Streitigkeiten im Rahmen eines bestehenden Arbeitsverhältnisses (bzgl. Urlaub, Arbeitszeit usw.) prozentual jeweils nur einen kleinen Teil in Anspruch. Vgl. Grotmann-Höfling, S. 31ff. (dieses Verhältnis ergibt sich aus einer Gesamtschau der arbeitsgerichtlichen Verfahren in den Jahren 1990 - 1997).
Und: Grotmann-Höfling, AuR 1999, S. 335ff. Nach einer Pressenmitteilung des BAG (http://www.bundesarbeitsgericht.de) handelte es sich bei 34% der Eingänge des Jahres 2000 um Beendigungsstreitigkeiten. Lediglich 4,3% betrafen die Entgeltzahlung, 2,3% Schadensersatz, 3,5% Gratifikationen und 4,2% Urlaub.

199 Vgl.: Frommel, ZRP 1983, S. 31 (34); Schubert, AiB 2000, S. 524 (526).

200 Für die unstrittigen Punkte bzgl. des Arbeitsverhältnisses, wie zum Beispiel der privat-

griffs[201], genauer gesagt in der Frage, inwiefern der Arbeitnehmer vom Arbeitgeber abhängig ist[202]. Während die Literatur es zum Teil bei bloßer *Unselbständigkeit* des Arbeitnehmers beläßt[203], geht die Rechtsprechung und h.L. richtiger Weise von einer *persönlich abhängigen Leistungserbringung* aus[204]. Entscheidend ist der Grad der persönlichen Abhängigkeit und das Vorliegen eines Weisungsrechts in Bezug auf Zeit, Dauer und Ort der Ausführung der Arbeitsleitung. Diese persönliche Abhängigkeit in Bezug auf die Vertragsleistung besteht in jedem Arbeitsverhältnis[205]. Sie ist gekennzeichnet durch persönliche, örtliche und fachliche Weisungsgebundenheit[206], bietet eine verständige Abgrenzung zu unabhängigen, freien Diensten und enthält weitere Differenzierungskriterien wie Fremdbestimmung *und* Unselbständigkeit[207]. Dagegen wird angeführt, bei wohlhabenden oder gesuchten Arbeitnehmern bestünde diese Abhängigkeit nicht[208]. Hierbei wird je-

---

rechtlichen Natur des Arbeitsvertrages wird verwiesen auf: ErfK/Preis, § 611 BGB.

201 Oder in der Abgrenzung des Arbeitsvertrages von anderen Verträgen, vgl. Söllner, Arbeitsrecht, § 3 I 1 a.

202 Vgl.: Brandes, ZfA 1986, S. 449ff.; Heuberger, S. 15ff.; Hilger, RdA 1989, S. 1ff.; Hueck, RdA 1969, S. 216ff.; Joost, in: FS für Wiese, S. 191ff. Zur geschichtlichen Entwicklung des Arbeitnehmerbegriffs vgl. Reuter: Die Arbeitsaufgabe und der Arbeitnehmerbegriff.

203 Zöllner/Loritz, § 4 III und IV: Im Grunde sei der Streit unerheblich, da es sich lediglich um eine terminologische Abweichung handele, der Begriff der persönlichen Abhängigkeit aber wenig geglückt sei.
Söllner definiert den Arbeitnehmerbegriff negativ: Arbeitnehmereigenschaft liege nicht vor, wenn jemand selbständige Dienste leiste. Söllner, Arbeitsrecht, § 3 I.

204 st. Rspr.: BAG AP Nr. 1 zu § 611 BGB Abhängigkeit, Urteil vom 28.02.62-4 AZR 141/61; BAG AP Nr. 21 zu § 611 BGB Abhängigkeit, Urteil vom 9.03.77-5 AZR 110/76; BAG AP Nr. 26 zu § 611 BGB Abhängigkeit, Urteil vom 15.03.78-5 AZR 819/76; BAG AP Nr. 74 zu § 611 BGB Abhängigkeit, Urteil vom 30.11.94-5 AZR 704/93; BAG AP Nr. 80 zu § 611 BGB Abhängigkeit, Urteil vom 30.06.95-4 Sa 63/95; BAG NZA 1996, S. 33, Urteil vom 6.07.95-5 AZR 9/1993; BAG NZA 1996, S. 477, Urteil vom 26.07.95-5 AZR 22/94.
Ebenso: ErfK/Preis, § 611 BGB, Rn.79 u. 218; Erman/Hanau, § 611, Rn.108; Hueck, RdA 1969, S. 216ff.; Hueck/v.Hoyningen-Huene, § 1 KSchG, Rn.24; Kittner/Däubler/Zwanziger, Einleitung, Rn.36; Otto, Rn.49; Palandt/Putzo, § 611 BGB, Rn.7; *Hilger* formuliert die persönliche Abhängigkeit in bloße Abhängigkeit vom Arbeitgeber um, um nicht den Eindruck einer Gehorsamspflicht zu erwecken, in: RdA 1989, S. 1ff.; vgl. außerdem Gast, S. 72ff.

205 So auch Zeuner, RdA 1975, S. 84 (85).

206 ErfK/Preis, § 611 BGB, Rn.79; Zeuner, RdA 1975, 84 (85).

207 Selten wird auch vom arbeitsvertraglichen Über-Unterordnungsverhältnis, bzw. vom Untergebenverhältnis gesprochen. Kirsch/Esser, in: Handwörterbuch d. Personalwesens, Sp. 1120. Zum Unterwerfungsbegriff Söllner, Einseitige Leistungsbestimmung im Arbeitsverhältnis.

208 So Zöllner/Loritz, § 4 III: „Wer verpflichtet ist, seine Dienstleistung unselbständig zu erbringen, ist deswegen noch nicht abhängig. Zwar trifft es soziologisch gesehen zu, daß viele Arbeitnehmer sich in einer Abhängigkeit vom Arbeitgeber befinden [...]. Diese Abhängigkeit beruht aber meist nur darauf, daß der Arbeitnehmer auf seinen Arbeitsplatz an-

doch die Verschiedenartigkeit von wirtschaftlicher und persönlicher Abhängigkeit übersehen. Während sich wirtschaftliche Abhängigkeit auf die soziale und finanzielle Lage des Arbeitnehmers bezieht, meint persönliche Abhängigkeit die Abhängigkeit vom Vertragspartner in Bezug auf den Vertragstypus[209]. Jeder Arbeitnehmer ist - unabhängig von seinen wirtschaftlichen Verhältnissen - vom Arbeitgeber im Hinblick auf sein Arbeitsverhältnis abhängig, denn er führt weisungsgebunden, fremdbestimmt und unselbständig seine Tätigkeit aus[210]. Dabei kommt es nicht darauf an, ob der Arbeitnehmer gesucht wurde oder nicht.

Die einseitig persönlich abhängige Leistungsbestimmung im intakten Arbeitsverhältnis wirkt sich auch auf Konflikte aus. Der Arbeitnehmer tritt dem Arbeitgeber im Streit als weisungsgebunden gegenüber. Hier liegt ein Unterschied zu anderen zivilrechtlichen Streitigkeiten, zum Beispiel im Familienrecht. Ehepartner sind gleichberechtigt (oder sollten es zumindest sein), Arbeitgeber und Arbeitnehmer nicht. Aufgrund dieser Ungleichartigkeit kommt zum Teil die Überlegung auf, die Anwendung von Mediation einzuschränken, um einen sachgerechten Interessenausgleich zu gewährleisten[211]. Sei das Gefälle zwischen den Parteien zu groß, brauche es zum Schutz des Schwachen das kontradiktorische System, da dieser auf gerichtlichem Wege durch anwaltliche Vertretung effektiveren Rechtsschutz erlangen könnte[212]. Mediation sei hier nur eingeschränkt oder gar nicht anwendbar. Sollte Mediation im Individualarbeitsrecht deshalb ausgeschlossen werden? Dies ist aus folgenden Gründen zu verneinen: Mediation ist ein Ausdruck der Privatautonomie; es liegt im Ermessen der Parteien, ob sie sich für diese Streitlösungsmethode entscheiden[213]. Erfüllt der zwar sozial schwächere Arbeitnehmer die oben genannten Eignungskriterien für die Teilnahme an Mediation, hat er das Verfahren selbstbestimmt gewählt und kann somit autonom über das Ende des

---

gewiesen ist." Zöllner übersieht dabei, daß auch die Abhängigkeit in Bezug auf den Arbeitsplatz eben gerade auch eine persönliche Abhängigkeit ist, die den Begriff des Arbeitnehmers bestimmt.

209 ErfK/Preis, § 611 BGB, Rn.79.

210 Vgl. Schaffner, AnwBl 1997, S. 139 (142). Söllner, Einseitige Leistungsbestimmung im Arbeitsverhältnis, S. 9ff.

211 Breidenbach, § 19; Gottwald, WM 1998, S. 1257 (1258); Duss-von-Werdt/Mähler/Mähler, S. 67; Mähler/Mähler, in: Krabbe, S. 154; Stevens-Bartol, in: Breidenbach/Henssler, S.144. Vgl. auch Schubert, AiB 2000, S. 524 (526).

212 Mähler/Mähler, in: Krabbe, S. 154.

213 Diejenigen, die unter Berufung auf BVerfGE 81, S. 242 (254), Urteil vom 7.02.1990-1 BvR 567/89 bei Mediation zwischen nicht gleichrangigen Parteien einen Verstoß gegen die Privatautonomie sehen, verkennen folgendes: Mediation ist die Bereitschaft, über den Streit zu verhandeln, im weitesten Sinne also zu sprechen. Diese Bereitschaft kann keinen Verstoß gegen die Privatautonomie darstellen. Anderenfalls wäre jedes Streitgespräch zwischen Arbeitgeber und Arbeitnehmer oder Vermieter und Mieter schon eine unzulässige Wahrnehmung von vertragsgestaltenden Rechten.

Mediationsverfahrens und eine eventuelle Lösung bestimmen[214]. Des weiteren bestehen während der Mediation Möglichkeiten zum Ausgleich des Machtgefälles zwischen Arbeitgeber und Arbeitnehmer durch den Mediator, der als vermittelnder Dritter anwesend ist. Dieser kann in die Verhandlung lenkend eingreifen oder sie abbrechen, wenn der Arbeitgeber seine Machtstellung ausnutzt[215]. Nach dem Harvard-Konzept kommt es außerdem, wie erwähnt, nicht auf die tatsächliche Stärke der Parteien an sondern darauf, wie jede Partei ihre potentielle Verhandlungsmacht nutzt[216]. Darüber hinaus kann der Arbeitnehmer bei Konflikten, in denen es um die existentielle Frage der Beendigung des Arbeitsverhältnisses geht, zusätzlich Kündigungsschutzklage erheben um seinen Rechtsschutz zu sichern[217]. Zuletzt ist noch die Gesetzeslage zu berücksichtigen. Zwar bestehen im Individualarbeitsrecht nur wenige außergerichtliche Schlichtungsmöglichkeiten. Aber § 111 II ArbGG beispielsweise betrifft einen Bereich, in dem das Ungleichgewicht größer ist, als dies in einem regulären Arbeitsverhältnis der Fall ist. Wenn der Gesetzgeber bei Streitigkeiten aus dem Ausbildungsverhältnis außergerichtliche Lösungswege ausdrücklich anordnet, dann muß der Versuch einer nichtgerichtlichen Lösung erst recht in einem Arbeitsverhältnis möglich sein, in dem das Ungleichgewicht der Parteien geringer ist.

Im Ergebnis spricht das arbeitsvertragliche Verhältnis nicht grundsätzlich gegen Mediation. Daher kann nachfolgend überlegt werden, in welchen Streitigkeiten sie insbesondere herangezogen werden könnte. Dafür werden Kündigungsstreitigkeiten (Arbeitgeberkündigung), Streitigkeiten im Vorfeld einer Kündigung, Inhaltsstreitigkeiten und Konflikte unter Arbeitnehmern herangezogen. Die Untersuchung vollzieht sich in drei Schritten:

1. Welche Art von Konflikt liegt vor?

2. Wie wird Konflikt auf herkömmliche Weise gelöst?

3. Kommt Mediation anstelle oder als Ergänzung der herkömmlichen Lösungsmethode in Betracht?

---

214 Vgl. § 3.

215 Als neutraler, keiner Seite verpflichteter Dritter erlangt der Mediator Autorität. Ausführlich dazu Breidenbach, S. 143ff. Er stellt die verschiedenen Eingriffs- und Einflußmöglichkeiten und den Ursprung dieser dar. Wenn die Parteien es zuließen, könne der Mediator zum Beispiel auch Verhandlungsthemen mitbestimmen oder Wertvorstellungen verdeutlichen.

216 Fischer/Ury/Patton, S. 243.

217 Dazu unter 5.

I) Ordentliche Kündigungsstreitigkeiten im Anwendungsbereich des KSchG

Die ordentliche Kündigung ist im Anwendungsbereich des KSchG nur nach Maßgabe des § 1 KSchG möglich. Gem. § 1 II KSchG ist die Kündigung sozial ungerechtfertigt, wenn sie nicht durch Gründe, die in der Person oder im Verhalten des Arbeitnehmers liegen, oder durch dringende betriebliche Erfordernisse [...] gedeckt ist.

1) Personenbedingte Kündigung

Ein personenbedingter Kündigungsgrund liegt vor, wenn der Arbeitnehmer aufgrund seiner persönlichen Eignung oder Fähigkeit nicht (mehr) in der Lage ist, die vertragliche Arbeitsleistung zu erbringen[218].

Beispiel 1: Gewissensentscheidung[219]

A ist Pharmakologe in einer Forschungsabteilung. Bei der Weiterentwicklung einer Substanz, die geeignet ist, bei atomarer Verstrahlung Krankheitssymptome zu unterdrücken, weigert sich A, der Forschungsgruppe weiterhin anzugehören, weil er dies medizinisch-ethisch nicht verantworten könne. Die Substanz würde nur dazu hergestellt, Soldaten bei atomarer Verstrahlung im Krieg wieder kampffähig zu machen und wäre somit zur Förderung eines nuklearen Krieges geeignet. Der Arbeitgeber kündigt A daraufhin[220].

Beispiel 2: Veränderung der Eignung zur Arbeitsleistung[221]

F ist Verkehrsflugzeugführer. Bei einem routinemäßigen Check seiner Eignung besteht er den Eignungstest nicht. Ihm wird daher vom Luftfahrtbundesamt die Fluglizenz entzogen. Sein Arbeitgeber kündigt[222].

---

218 Berkowsky, Die personen– und verhaltensbedingte Kündigung, § 8, Rn.1ff.; Hueck/v.Hoyningen-Huene, § 1 KSchG, Rn.176; KR-Etzel, § 1 KSchG, Rn.290; Löwisch, § 1 KSchG, Rn.167. Einzelne Fallgruppen bei Hueck/v.Hoyningen-Huene G., § 1 KSchG, Rn.187ff; Kittner/Däubler/Zwanziger, § 1 KSchG, Rn.68ff.

219 Nach BAG AP Nr. 1 zu § 611 BGB (Gewissensfreiheit), Urteil vom 24.5.1989-2 AZR 285/88.

220 Weitere Beispiele zu einer Kündigung aus Gewissensgründen: Hueck/v.Hoyningen-Huene, § 1 KSchG, Rn.211; Kittner/Däubler/Zwanziger, § 1 KSchG, Rn.141a.
Außerdem Berkowsky, § 19, Rn.16, der die Problematik um die Gewissensfreiheit des Arbeitnehmers bei der verhaltensbedingten Kündigung erörtert. Und: Derleder, AuR 1991, S. 193ff.; Häusele, Weisung und Gewissen im Arbeitsrecht; Kissel, NZA 1988, S. 145ff.; Wendeling-Schröder, BB 1988, S. 1742.

221 Nach BAG AP Nr. 17 zu § 1 KSchG 1969 (Personenbedingte Kündigung), Urteil vom 31.1.1996-2 AZR 68/95. Vgl. außerdem BAG Pressenmitteilung, Urteil vom 7.12.00-2 AZR 459/99.

222 Weitere Beispiele: Kittner/Däubler/Zwanziger, § 1 KSchG, Rn.64ff.; KR-Etzel, § 1 KSchG, Rn.327ff.

Beispiel 3: Krankheit[223]
K ist als Küchenhilfe beschäftigt. Nach einiger Zeit wird ärztlich festgestellt, daß K an einem Wirbelsäulensyndrom leidet und die vertragsgemäße Leistung nicht mehr ausüben kann. K wird gekündigt[224].

2) Verhaltensbedingte Kündigung

Bei einer verhaltensbedingten Kündigung liegt der Kündigungsgrund in einem arbeitsvertragswidrigen Verhalten des Arbeitnehmers[225].

Beispiel 1: Alkoholverbot[226]
A arbeitet in einem Betrieb, in dem es untersagt ist, während der Arbeitszeit Alkohol zu sich zu nehmen. Außerdem besteht das Verbot, sich vor der Arbeit oder während der Pausen in einen Zustand zu versetzen, in dem die Pflichten aus dem Arbeitsvertrag nicht mehr erfüllt werden können. Als A eines Tages schwer alkoholisiert einen Kollegen beschimpft, erhält er eine Warnung. Wenig später erscheint er wiederholt alkoholisiert zur Arbeit, wobei er beim ersten Mal abgemahnt und beim zweiten Mal gekündigt wird[227].

Beispiel 2: Unpünktlichkeit[228]
K verspätet sich wiederholt um eine Stunde an seinem Arbeitsplatz. Dies geschieht so häufig, daß sein Arbeitgeber bereits eine Abmahnung erteilt sowie Lohnkürzungen vorgenommen hat und schließlich kündigt[229].

3) Betriebsbedingte Kündigung

Eine betriebsbedingte Kündigung liegt vor, wenn betriebsbezogene, vom Arbeitnehmer unabhängige inner- oder außerbetriebliche Umstände seiner Weiterbe-

---

223 Nach BAG AP Nr. 25 zu § 1 KSchG (Krankheit), Urteil vom 28.02.199-2 AZR 401/89.

224 Zu Krankheit als personenbedingter Kündigungsgrund vgl. außerdem Berkowsky, Die personen- und verhaltensbedingte Kündigung, § 9; Kittner/Däubler/Zwanziger, § 1 KSchG, Rn.72ff.; KR-Etzel, § 1 KSchG, Rn.343ff.

225 Berkowsky, Die personen– und verhaltensbedingte Kündigung, § 18, Rn.24; Hueck/v.Hoyningen-Huene, § 1 KSchG, Rn.270; Kittner/Däubler/Zwanziger, § 1 KSchG, Rn.154; KR-Etzel, § 1 KSchG, Rn.418. Vgl. außerdem Preis, DB 1990, S. 630ff. und 685ff.

226 Nach BAG NZA 1995, S. 517, Urteil vom 26.01.1995-2 AZR 649/94.

227 Zu verhaltensbedingten Kündigungen wegen Verstoß gegen ein Alkoholverbot außerdem: BAG DB 1989, S. 329, Urteil vom 17.03.88-2 AZR 576/87; Berkowsky, Die personen- und verhaltensbedingte Kündigung, § 21, Rn.20.

228 BAG NZA 1987, S. 518, Urteil vom 13.03. 1987-7 AZR 601/85.

229 Weitere Beispiele bei Hueck/v.Hoyningen-Huene, § 1 KSchG, Rn.361; Kittner/Däubler/Zwanziger, § 1 KSchG, Rn.248.

schäftigung entgegen stehen[230]. Beispiele sind Rationalisierungserfordernisse aufgrund Rohstoffknappheit, Auftragsmangel oder Absatzschwierigkeiten[231]. Darüber hinaus darf keine Möglichkeit einer anderweitigen Beschäftigung im Betrieb oder im Unternehmen bestehen (§ 1 II 1, 2 Nr. 1b KSchG), und der Arbeitgeber muß die nach § 1 III KSchG erforderliche Sozialauswahl ordnungsgemäß durchgeführt haben.

Beispiel Absatzmangel[232]:
Arbeitnehmer A ist im Bereich Export als Packer angestellt und hat die Aufgabe, bestellte Waren liefergerecht zu verpacken. Als der Auftragsbestand der Firma sinkt und die Verpackungsabteilung dementsprechend weniger Ware zu verpakken hat, wird A aus betriebsbedingten Gründen gekündigt.

4) Herkömmlicher Lösungsweg

In der Regel werden Kündigungsstreitigkeiten auf dem Gerichtsweg durch richterliche Entscheidung oder eine Einigung der Parteien zum Vergleich gelöst[233]. Es bestehen keine gesetzlich angeordneten außergerichtlichen Möglichkeiten zur Streitbeilegung. Hält der Arbeitnehmer die Kündigung für ungerechtfertigt, kann er gem. §§ 4, 7 KSchG Kündigungsschutzklage erheben mit dem Ziel, die Rechtsunwirksamkeit der Kündigung feststellen zu lassen. Diese Klage ist gem. § 4 S. 1 KSchG innerhalb von drei Wochen nach Zugang der Kündigung zu erheben. Wird die Frist versäumt, erlangt die Kündigung Rechtswirksamkeit, § 7 KSchG. Bis dahin besteht über die Wirksamkeit der Kündigung ein Schwebezustand[234].

5) Mediationsbedarf

Ein Bedarf an Mediation bei Kündigungsstreitigkeiten kann lediglich dann angenommen werden, wenn sie im Vergleich zu einem gerichtlichen Verfahren das Problem der Parteien effektiver lösen kann. Effektiv meint dabei, wie erwähnt, vor allem die Gewährleistung größtmöglichen Rechtsschutzes, dessen Verlust hier

---

230 Hueck/v.Hoyningen-Huene, § 1 KSchG, Rn.364; Kittner/Däubler/Zwanziger, § 1 KSchG, Rn.250.

231 BAG BB 1987, S. 1882, Urteil vom 11.09.86-2 AZR 564/85; BAG NZA 1990, S. 65, Urteil vom 15.06.89-2 AZR 600/88. BAG EzA Nr. 13 zu § 1 KSchG (Betriebsbedingte Kündigung), Urteil vom 24.10.79-2 AZR 940/77; KR-Etzel, § 1 KSchG, Rn.615.

232 BAG NZA 1990, S. 65, Urteil vom 15.06.89-2 AZR 600/88; vgl. auch: BAG BB 1987, S. 1882, Urteil vom 11.09.86-2 AZR 564/85.

233 Zum Kündigungsschutzprozeß und Reformmöglichkeiten vgl. Grunewald, ZRP 1990, S. 472ff.; Rühle, DB 1991, S. 1378ff.; Willemsen, NJW 2000, S. 2779ff. In der Praxis enden 60% der Kündigungsschutzklagen mit Vergleich im Sinne eines Abfindungsvergleichs oder Aufhebungsvergleichs, vgl. MünchArbR/Berkowsky, § 148, Rn. 1ff.

234 Kittner/Däubler/Zwanziger, § 7 KSchG, Rn.1; KR-Rost, § 7 KSchG, Rn.4.

dem Arbeitnehmer droht: Zum einen setzt die Kündigungsschutzklage gem. §§ 4, 7 KSchG eine Klagefrist von drei Wochen voraus. Es ist deshalb de lege lata zu erörtern, wie ein Arbeitnehmer während einer Mediation seinen Rechtsschutz erhalten kann, wenn diese mehr als drei Wochen in Anspruch nimmt. Zum anderen ist die Kündigungsstreitigkeit *an sich* zu betrachten: Hier geht es um die Frage, ob eine Kündigung wirksam ist oder nicht, also darum, ob das Arbeitsverhältnis aufgelöst wurde. Bei Kündigungsschutzstreitigkeiten sind die Positionen deshalb deutlich verteilt. Es ist zu untersuchen, ob Mediation in diesem Zusammenhang überhaupt eingesetzt werden kann.

a) Kündigungsschutzklagefrist

Ein Problem liegt in der Kündigungsschutzklagefrist des KSchG. Der Arbeitnehmer muß gem. §§ 4, 7 KSchG innerhalb von drei Wochen Kündigungsschutzklage erheben. Da Mediation in den seltensten Fällen innerhalb von drei Wochen zu einer Lösung führen wird[235], stellt sich das Problem eines eventuellen Rechtsverlustes des Arbeitnehmers, denn wenn die Mediation scheitert und die Klagefrist verstrichen ist, gilt die Kündigung gem. § 7 KSchG als von Anfang an rechtswirksam. Mediation kann dann kein effektives Verfahren sein, wenn sie für den Arbeitnehmer eine derartige Unsicherheit mit sich bringt. Es ist deshalb zu untersuchen, ob Möglichkeiten bestehen, den Rechtsschutz des Arbeitnehmers während der Mediation aufrecht zu erhalten[236].

aa) Parallele Erhebung der Kündigungsschutzklage

Naheliegendste Variante ist die parallele Erhebung der Kündigungsschutzklage. Endet die Vermittlung erfolgreich, kann der Arbeitnehmer die Klage zurücknehmen. In diesem Fall besteht für ihn kein Risiko des zwischenzeitlichen Rechtsverlustes, da die Klagefrist gewahrt wird. Weil Mediation kein formalisiertes Verfahren ist, ist die gleichzeitige Klageerhebung grundsätzlich zulässig[237]. Ein solches Vorgehen bringt jedoch auch Nachteile für den Arbeitnehmer mit sich. Dieser wird zur Klageerhebung in den meisten Fällen einen Anwalt heranziehen, wodurch ihm Kosten entstehen. Und auch wenn die Klage nach erfolgreicher Mediation zurückgenommen wird, wurde dennoch ein gerichtliches Verfahren in Gang

---

235 Vgl. oben, § 1.

236 Zu der Problematik von Rechtsverlust durch Verjährung im Rahmen alternativer Streitbeilegung Wagner, NJW 2001, S. 183ff.

237 Im Gegensatz dazu stehen zwei BGH Entscheidungen, in denen der BGH die Ansicht vertreten hat, bei Abschluß einer Schlichtungsvereinbarung sei eine gleichwohl vor dem staatlichen Gericht erhobene Klage unzulässig. BGH ZZP 99, S. 90ff., Urteil vom 23.11.83-VIII ZR 197/82 mit kritischer Anmerkung von Prütting. BGH NJW 1977, S. 2263, Urteil vom 4.07.77-II ZR 55/76.
Vgl. auch Walter, ZZP 103, S. 142 (159).

gesetzt, welches ebenfalls Kosten verursacht hat. Dazu kommt der Honoraranspruch des Mediators. Für den Arbeitnehmer entsteht so eine finanzielle Mehrfachbelastung. Des weiteren kann außerhalb der finanziellen Aufwendungen eine Klagerücknahme durch den Arbeitnehmer für diesen nachteilig sein, denn durch Rücknahme der Klage tritt eine nachträgliche Heilung der Kündigung ein. Das bedeutet, sie wird so behandelt, als wäre sie von Anfang an rechtwirksam im Sinne des § 7 KSchG[238]. Eine Anfechtung oder ein Widerruf der Klagerücknahme ist nicht möglich[239]. Das kann zum Beispiel folgendes Problem hervorrufen: Schließen Arbeitgeber und Arbeitnehmer nach Beendigung der Mediation einen Vergleich und will der Arbeitnehmer diesen Vergleich später gerichtlich für unwirksam erklären lassen, so ist er in einem eventuellen Folgeprozeß gehindert, den Fortbestand des Arbeitsverhältnisses feststellen zu lassen, da die Kündigung inzwischen rechtswirksam geworden ist[240].

Im Ergebnis ist die gleichzeitige Klageerhebung neben Mediation somit zwar grundsätzlich eine Möglichkeit, den Rechtsschutz des Arbeitnehmers aufrecht zu erhalten, sie bringt jedoch auch die aufgezeigten Nachteile mit sich.

bb) Fristhemmung durch Mediation

Es ist zu überlegen, ob durch den Beginn von Mediation eine automatische Hemmung der Klagefrist eintreten könnte, mit dem Ergebnis der Fristwahrung auch nach Ablauf der drei Wochen. Eine solche Möglichkeit würde sich am Beispiel des § 111 II ArbGG orientieren: Durch die Anrufung des Ausschusses nach § 111 II ArbGG wird die Frist der Kündigungsschutzklage gewahrt[241]. Mediation kann jedoch aufgrund fehlender gesetzlicher Regelung keine derartige Wirkung nach

---

238 LAG Hamm, BB 1997, S. 1799, Urteil vom 18.12.1996-2 Sa 340/96; APS/Ascheid, § 4 KSchG, Rn.123; Hueck/v.Hoyningen-Huene, § 7 KSchG, Rn.2; Kittner/Däubler/Zwanziger, § 7 KSchG, Rn.1a; KR-Rost, § 7 KSchG, Rn.8. Dies entspricht § 269 III ZPO, wonach ein Rechtsstreit als nicht anhängig geworden anzusehen ist, wenn die Klage zurückgenommen wird.

239 LAG Hamm, BB 1997, S. 1799, Urteil vom 18.12.96-2 Sa 340/96; Baumbach/Lauterbach/Albers/Hartmann, § 269 ZPO, Rn.24.

240 Innerhalb der Drei-Wochen-Frist kann der Arbeitnehmer nach § 269 IV ZPO grundsätzlich erneut Klage erheben. Baumbach/Lauterbach/Albers/Hartmann, § 269 ZPO, Rn.48ff; KR-Friedrich, § 4 KSchG, Rn.294.

241 Germelmann/Matthes/Prütting, § 111 ArbGG, Rn.27. Zweifelhaft ist im Rahmen des Schlichtungsverfahrens jedoch, ob dieses die Verjährung von Ansprüchen unterbricht, vgl. Germelmann/Matthes/Prütting, § 111 ArbGG, Rn.25; GK-ArbGG/Ascheid, § 111, Rn.14. Für die Anrufung des Ausschusses selbst ist strittig, ob es der Einhaltung einer Frist bedarf. Nach BAG NZA 1990, 395 (396), Urteil vom 13.04.90-4 AZR 441/88 ist für die Anrufung des Ausschusses keine Frist einzuhalten. Eine Grenze bildet lediglich die Verwirkung. *a.A.: Hauck, § 111 ArbGG, Rn.6.*

sich ziehen. Ebenso kann sie kein Hinderungsgrund im Sinne des § 5 KSchG sein, wonach eine Klage nachträglich zulässig ist, wenn der Arbeitnehmer trotz Anwendung aller ihm nach Lage der Umstände zuzumutenden Sorgfalt verhindert war, die Klage innerhalb der Frist zu erheben. Die Hinderungsgründe des § 5 KSchG beziehen sich auf unverschuldete Situationen, wie zum Beispiel Erkrankungen, die die Entscheidungsfähigkeit des Arbeitnehmers hemmen[242]. Für Mediation läßt § 5 KSchG kein Raum.

cc) Vertragliche Abbedingung der Drei-Wochen-Frist

Eine letzte Rechtsschutzmöglichkeit des Arbeitnehmers könnte in einer vertraglichen Abbedingung der Klagefrist durch Arbeitgeber und Arbeitnehmer liegen. Der Arbeitgeber würde dem Arbeitnehmer dadurch Aufschub gewähren, auch nach Ablauf der Drei-Wochen-Frist noch Klage erheben zu können. Für ein solches Vorgehen müßte die Frist in § 4 KSchG jedoch überhaupt dispositives Gesetzesrecht darstellen. Sinn und Zweck der Regelung ist die Beendigung eines Schwebezustandes, um für beide Parteien eine klare Rechtslage zu schaffen[243]. Eine vertragliche Fristverlängerung würde zwar diesem Zweck widersprechen, ließe sich aber unter Umständen mit Privatautonomie und Parteiwillen begründen. Die Frage der Abdingbarkeit der Frist nach § 4 KSchG ist umstritten.

aaa) Frist nicht abdingbar

Die h.M. geht von einem nicht dispositiven Charakter der Frist aus[244]. Die Frist könne weder individualvertraglich, tarifvertraglich noch durch Betriebsvereinbarung verlängert werden. Die Regelung habe den Zweck, Rechtsklarheit in Bezug auf das Arbeitsverhältnis zu schaffen. Sie müsse deshalb zwingend sein. Da sie eine Ausschlußfrist ist, habe das Gericht von Amts wegen ihre Einhaltung zu überprüfen, auch wenn sich der Arbeitgeber im Prozeß nicht auf das Versäumnis durch den Arbeitnehmer beruft. Eine Verlängerung der Klagemöglichkeit sei schon durch § 5 KSchG abschließend und ausreichend gewährleistet.

---

242 Hueck/v.Hoyningen-Huene, § 5 KSchG, Rn.11; Kittner/Däubler/Zwanziger, § 5 KSchG, Rn.8, KR-Friedrich, § 5 KSchG, Rn.48.

243 BAG AP Nr. 3 zu § 12 SchwbG, Urteil vom 23.02.78-2AZR 462/76; Bader/Bram/Dörner/Wenzel, § 4 KSchG, Rn.12; Hueck/v.Hoyningen-Huene, § 4 KSchG, Rn.2.; Kittner/Däubler/Zwanziger, § 4 KSchG, Rn.1; KR-Friedrich, § 4 KSchG, Rn.10.

244 Ascheid, Rn.713; Bader/Bram/Dörner/Wenzel, § 4 KSchG, Rn.103; HeidelbergerKomm/Hauck, § 4 KSchG, Rn.54; Hueck/v.Hoyningen-Huene, § 4 KSchG, Rn.53; Kittner/Däubler/Zwanziger, § 4 KSchG, Rn.27; Knorr/Bichlmeier/Kremhelmer, Kap.7, Rn.42; KR-Friedrich, § 4 KSchG, Rn.138; Lepke, DB 1991, S. 2034ff.; Löwisch, § 4 KSchG, Rn.62; Sowka, § 4 KSchG, Rn.9; Stahlhacke/Preis, Rn.1110a.

bbb) Frist abdingbar

Nur wenige Stimmen in der Literatur vertreten eine gegenteilige Auffassung[245]. Nach dieser Ansicht liegt es in der Hand des Arbeitgebers, sich auf die (versäumte) Frist zu berufen. Will dieser das Versäumnis nicht rügen, weil er zum Beispiel einem langjährigen Arbeitnehmer nicht eine Verspätung von ein paar Tagen vorwerfen möchte, so habe das Gericht dies zu akzeptieren.

ccc) Stellungnahme

Die Argumente der Rechtssicherheit und Klarheit sprechen für die Ansicht der h.M., die Frist für nicht abdingbar zu halten. Arbeitgeber und Arbeitnehmer wissen um die dreiwöchige Frist, in der der Arbeitnehmer Zeit hat, die Rechtswirksamkeit einer Kündigung überprüfen zu lassen. Nach Ablauf dieser Zeit endet ein Schwebezustand und es besteht entweder Rechtsklarheit oder die Kündigung wird gerichtlich überprüft. § 4 KSchG ist keine bloße Prozeßvoraussetzung, sondern eine Ausschlußfrist, die dem materiellen Recht zuzuordnen ist. Sie ist von Amts wegen zu berücksichtigen[246]. Auch die Stellung des § 4 KSchG vor § 5 KSchG als Regel-Ausnahme-Verhältnis spricht für seine Unabdingbarkeit, d.h. grundsätzlich ist die Drei-Wochen-Frist einzuhalten, verspätete Klagen sind nur gem. § 5 KSchG zulässig. Darüber kann der Gedanke, es liege im Ermessen des Arbeitgebers die Fristversäumung zu rügen, nicht hinwegtäuschen. Eine Verlängerung der Frist bringt nicht nur Unsicherheit für die Parteien, sondern ggf. auch für die Betriebsstruktur mit sich. Dasselbe ergibt sich aus einer Parallele zu § 225 BGB. Danach kann die Verjährung durch Rechtsgeschäft weder ausgeschlossen noch erschwert werden[247]. Im Ergebnis ist es den Arbeitsvertragsparteien nicht möglich, die Drei-Wochen-Frist vertraglich zu verlängern[248]. Insgesamt ist die Diskussion um die Abdingbarkeit der Kündigungsschutzklagefrist im Grunde lediglich dogmatisch, denn es ist kaum ein Arbeitgeber vorstellbar, der nach Ausspruch einer Kündigung bereit ist, dem Arbeitnehmer einen Klagefristaufschub zu gewähren.

---

245 Gamillscheg, S. 505; MünchKomm/Schwerdtner, Vorbem. § 620 BGB, Rn.333.

246 So die h.L. und z.T. auch die Rspr.: BAG DB 1980, S. 1446, Urteil vom 22.02.78-7 AZR 295/78; BAG DB 1984, S. 1628, Urteil vom 28.04.83-2 AZR 438/81. ErfK/Ascheid, § 4 KSchG, Rn.51; Hueck/v.Hoyningen-Huene, § 4 KSchG, Rn.53; Kittner/Däubler/Zwanziger, § 4 KSchG, Rn.27; KR-Friedrich, § 4 KSchG, Rn.136, Lepke, DB 1991, S. 2034.

247 Dazu Wagner, NJW 2001, S. 182.

248 Ebenso kann der Arbeitnehmer im Wege eines dilatorischen Klageverzichts nicht darauf verzichten, Kündigungsschutzklage zu erheben. Dazu Eidenmüller, S. 15.

b) Ergebnis

Im Ergebnis bestehen kaum Möglichkeiten, den Rechtsschutz des Arbeitnehmers im Hinblick auf die Kündigungsschutzklagefrist zu sichern. Er kann lediglich neben einer Mediationsverhandlung Klage erheben, was jedoch die aufgezeigten Nachteile mit sich bringt. Unter dem Blickwinkel des drohenden Rechtsverlustes ist Mediation für Kündigungsstreitigkeiten im Vergleich zur Kündigungsschutzklage kein effektiveres Verfahren zur Konfliktlösung.

c) Tatsächliche Anwendungsmöglichkeiten von Mediation

Außerhalb der Problematik um die Kündigungsschutzklagefrist ist zu erörtern, ob für Mediation bei Kündigungsstreitigkeiten aufgrund der Eigenart der Konflikte, bei denen es um die Beendigung des Arbeitsverhältnisses geht, grundsätzlich ein Anwendungsbereich eröffnet ist. Ein Rückgriff auf die vorangegangenen Beispiele zeigt, wie wenig Verhandlungsspielraum bei Kündigungsschutzstreitigkeiten tatsächlich besteht:

aa) Personenbedingte Kündigungen

Bei personenbedingten Kündigungen liegt der Kündigungsgrund in der Person des Arbeitnehmers[249]. Dieser kann in den meisten Fällen keinen Einfluß auf den Kündigungsgrund nehmen, weil es sich dabei um nicht steuerbares Verhalten handelt[250]. Sieht sich der Arbeitnehmer nach dem oben genannten Beispiel aufgrund eines Gewissenskonflikts nicht mehr in der Lage, seine Arbeit auszuführen, und besteht keine Weiterbeschäftigungsmöglichkeit gem. § 1 II Nr. 1b KSchG, gibt es nur einen schmalen Verhandlungsspielraum. Dieser kann jedoch nur ausgefüllt werden, wenn der Arbeitnehmer bereit ist, über seine Gewissenseinstellung zu verhandeln und sich zu diesem Zweck mit dem Arbeitgeber über den Gegenstand des Gewissenskonflikts auseinander setzt. Das ist in jedoch in Fällen wie dem oben Genannten gerade nicht der Fall, da der Arbeitnehmer aufgrund seines Gewissenskonflikt konsequent die weitere Erfüllung der Arbeitsleistung boykottiert. Dann ist Mediation von vorne herein nicht erfolgsversprechend.

---

249 Vgl. oben, a).

250 Inwieweit fehlende Steuerbarkeit der Kündigungsursache für die personenbedingte Kündigung maßgebend ist, ist streitig. Viele ziehen die Steuerbarkeit des Verhaltens gerade als Abgrenzungskriterium zur verhaltensbedingten Kündigung heran, so zum Beispiel Berkowsky, § 8, Rn.2; Hueck/v.Hoyningen-Huene, § 1 KSchG, Rn.185a; *a.A.: KR-Etzel, § 1 KSchG, Rn.290.* Vgl. auch Kittner/Däubler/Zwanziger, § 1 KSchG, Rn.62ff. Zumindest kann von fehlender Einflußnahme jedoch bei Fällen, bei denen mangelnde Eignung oder Krankheit Ursache für die Kündigung sind ausgegangen werden. Berkowsky, Die personen– und verhaltensbedingte Kündigung, § 8, Rn.2. Inwieweit die Einflußnahme des Arbeitnehmers auch auf das Beispiel ‚Gewissenskonflikt' zutrifft, ist jedoch fraglich.

Gleiches gilt für die Beispiele zwei und drei. Ein Pilot, der seine Eignung zur Führung eines Flugzeuges verliert, kann ebenso wie eine unter einer Rückenerkrankung leidende Küchenhilfe seine Arbeitsleistung nicht mehr erbringen. Wenn keine Weiterbeschäftigungsmöglichkeit besteht, ergibt Mediation hier keinen Sinn. Streiten sich Arbeitgeber und Arbeitnehmer also über die Wirksamkeit einer personenbedingten Kündigung, ist für Mediation als Streitlösungsmethode im Regelfall kein Bedarf.

bb) Verhaltensbedingte Kündigung

Bei einer verhaltensbedingten Kündigung liegt der Kündigungsgrund in einem Verhalten des Arbeitnehmers, welches seiner Einflußmöglichkeit unterliegt[251]. Hier ist Mediation im Vergleich zu personenbedingten Kündigungsgründen generell vorstellbar, denn der Arbeitnehmer kann grundsätzlich auf sein Verhalten einwirken und könnte demzufolge nach einer Verhandlung mit dem Arbeitgeber eine Verhaltensänderung herbeiführen. Beispielsweise könnte ein Arbeitnehmer, der wiederholt zu spät zur Arbeitsstelle kommt, sein Verhalten ändern. Dabei ist jedoch folgendes zu berücksichtigen: Hat der Arbeitgeber die Kündigung ausgesprochen, geht es ihm in der Regel nicht mehr um eine Verhaltensänderung des Arbeitnehmers, sondern um eine endgültige Beendigung des Arbeitsverhältnisses. Dieser Beendigung geht in der Regel eine Abmahnung voraus[252]. Nach Ausspruch der Abmahnung wird dem Arbeitnehmer bereits die Möglichkeit einer Verhaltensänderung gegeben[253]. Wird die Pflichtverletzung trotz Abmahnung erneut begangen, ergibt sich daraus der Wille des Arbeitnehmers, den vertraglichen Verpflichtungen nicht ordnungsgemäß nachzukommen[254]. Eine zusätzliche Verhandlung über das vertragswidrige Verhalten des Arbeitnehmers nach Ausspruch der Kündigung ist fernliegend. Es besteht deshalb kein Verhandlungsspielraum zwischen den Parteien.

cc) Betriebsbedingte Kündigungen

Liegt ein betriebsbedingter Kündigungsgrund vor, ist Mediation ausgeschlossen. Bei typischen betriebsbedingten Kündigungsgründen, wie beispielsweise Rationalisierungsmaßnahmen, besteht keinerlei Verhandlungsraum, denn die Kündigungsgründe sind als unternehmerische Entscheidungen nicht durch den Arbeitnehmer und im Grunde auch nicht mehr durch den Arbeitgeber beeinflußbar.

---

251 Vgl. oben, b).

252 Vgl. unten 5).

253 Durch die Abmahnung wird dem Arbeitnehmer Gelegenheit gegeben, sein vertragswidriges Verhalten einzustellen. Hueck/v.Hoyningen-Huene, § 1 KSchG, Rn.284; Kittner/Däubler/Zwanziger, Einleitung, Rn.73; Preis, DB 1990, S. 685 (687).

254 ErfK/Müller-Glöge, § 626 BGB, Rn.45.

6) Endergebnis

Für ordentliche Kündigungsstreitigkeiten im Geltungsbereich des KSchG besteht kein Bedarf für Mediation[255]. Grund dafür ist einerseits die Kündigungsschutzklagefrist nach §§ 4, 7 KSchG. Erhebt der Arbeitnehmer neben Mediation keine Klage, droht ihm ein Rechtsverlust; erhebt er Klage, trifft ihn eine finanzielle Mehrfachbelastung. Andererseits bleibt aufgrund der Kündigungsschutzstreitigkeit *an sich* kein Raum für Mediation, denn dabei geht es um die Frage, ob eine Kündigung rechtswirksam ist oder nicht. In diesem Bereich besteht keine Verhandlungsmöglichkeit der Parteien. Sie vertreten kontroverse Positionen, die effektiver in Klageanträgen niedergelegt sind[256]. Durch arbeitsvertragswidriges Verhalten und darauffolgender Kündigung wird jedenfalls im Bereich der verhaltensbedingten und zum Teil auch bei personenbedingten Kündigungen das arbeitsvertragliche Vertrauensverhältnis zerstört. Dann haben sowohl Arbeitgeber als auch Arbeitnehmer meist kein Interesse mehr an einer weiteren Zusammenarbeit[257]. Mediation kann hier nicht weiterhelfen, denn dem Arbeitnehmer geht es oftmals nur noch um die Höhe einer Abfindung, die er im Prozeß konsequenter verfolgen kann[258]. Abschließend ist festzuhalten: Der Gesetzgeber hat mit dem KSchG ein enges Regelungsnetz zum Schutz des Arbeitnehmers bzw. seines Arbeitsplatzes geschaffen. Im Gesetz sind die Voraussetzungen von Kündigungen sowie Klagemöglichkeiten und Abfindungsmöglichkeiten des Arbeitnehmers geregelt. Mediation kann dem Arbeitnehmer vor allem im Hinblick auf die Kündigungsschutzklagefrist keinen qualifizierteren Schutz ermöglichen. Sie ist deshalb kein effektiveres Verfahren zur Lösung von Kündigungsstreitigkeiten. In diesem Bereich besteht kein Anwendungsbedarf für Mediation[259].

---

255 Anders Grunsky (allerdings nicht in Bezug auf Mediation), der die Entscheidung in Kündigungsschutzfragen auf betrieblicher, anstatt gerichtlicher Ebene befürwortet. NJW 1978, S. 1832 (1833).

256 Dazu Henkel, NZA 2000, S. 929.

257 Zwar soll das KSchG seinem Zweck nach ein Bestandsschutzgesetz sein und die präventive Wirkung der Arbeitsplatzsicherung mit sich bringen; mehrheitlich ist das jedoch nicht der Fall. Grunewald, ZRP 1996, S. 472; Hueck/v.Hoyningen-Huene, § 1 KSchG, Rn.4; KR-Etzel, § 1 KSchG, Rn.21; Löwisch, § 1 KSchG, Rn.1ff.; Rühle, DB 1991, S. 1378; Willemsen, NJW 2000, S. 2779 (2780).

258 Grunewald, ZRP 1996, S. 472; Hueck/v.Hoyningen-Huene, § 1 KSchG, Rn.4; KR-Etzel, § 1 KSchG, Rn.21; Löwisch, § 1 KSchG, Rn.1ff.; Rühle, DB 1991, S. 1378; Willemsen, NJW 2000, S. 2779 (2780). Der Grundkonflikt durchläuft während des Verfahrens eine Wandlung, Henkel, NZA 2000, S. 929 (930).

259 a.A. wohl Hage/Heilmann, AuA 1997, S. 339 (340); Richter/Schwartz, AuA 2000, S. 582 (585).

II) Ordentliche Kündigungen außerhalb des Anwendungsbereichs des KSchG

Ist das KSchG wegen der betrieblichen Beschäftigungszahl (§ 23 I KSchG) und/oder der Dauer des jeweiligen Arbeitsverhältnisses (§ 1 I KSchG) nicht anwendbar, kann jeder Vertragsteil das Arbeitsverhältnis gem. § 620 II 2. Hs. BGB nach Maßgabe des § 622 BGB kündigen. Der Arbeitgeber hat bei einer Kündigung lediglich die Frist des § 622 BGB zu beachten; die Kündigung muß somit nicht auf einem besonderen Grund beruhen[260]. Gegebenenfalls ist der Betriebsrat anzuhören, § 102 BetrVG. Hier kann keine Streitigkeit entstehen, die einer Mediation zugänglich wäre, denn der Arbeitnehmer hat außer im Bereich der Gesetzes- oder Sittenwidrigkeit oder im Bereich von Treu und Glauben keine Möglichkeit die Kündigung anzugreifen[261]. Mediation kommt deshalb nicht in Betracht.

III) Außerordentliche Kündigungen im und außerhalb des kündigungsschutzgesetzlichen Geltungsbereichs

Nach § 13 I 1 KSchG werden die Vorschriften über das Recht zur außerordentlichen Kündigung durch das Kündigungsschutzgesetz nicht berührt. Das bedeutet im Umkehrschluß die Anwendung von § 626 BGB für außerordentliche Kündigungen innerhalb und außerhalb des Anwendungsbereichs des KSchG. Gem. § 13 I 2 KSchG ist jedoch auch bei außerordentlichen Kündigungen die dreiwöchige Klagefrist einzuhalten, d.h., die Problematik hinsichtlich der Rechtsschutzsicherung des Arbeitnehmers ergibt sich auch hier.

1) Wichtiger Grund/Tathandlung

Die Arbeitsvertragsparteien können das Arbeitsverhältnis gem. § 626 I BGB aus wichtigem Grund ohne Einhaltung einer Kündigungsfrist kündigen, wenn Tatsachen vorliegen, aufgrund derer dem Kündigenden unter Berücksichtigung aller Umstände des Einzelfalles und unter Abwägung der Interessen beider Vertragsteile die Fortsetzung des Dienstverhältnisses [...] nicht zugemutet werden kann. Wann ein wichtiger Grund für eine Arbeitgeberkündigung vorliegt, wurde vom BAG konkretisiert[262]: Ein wichtiger Grund ist danach gegeben, wenn eine konkrete Beeinträchtigung des Arbeitsverhältnisses im Betriebsbereich, Vertrauensbereich oder Leistungsbereich vorliegt[263]. Zum Beispiel: Der Arbeitnehmer

260 Palandt/Putzo, Vorbem. § 611 BGB, Rn.35; Zöllner/Loritz, § 22 II.

261 Palandt/Putzo, Vorbem. § 620 BGB, Rn.46ff.

262 Die folgenden Ausführungen betreffen wiederum nur die Kündigung durch den Arbeitgeber.

263 BAG NZA 1989, S. 261, Urteil vom 17.03.88-2 AZR 576/87; BAG NZA 1995, S. 1100, Urteil vom 12.07.95-2 AZR 762/95; ErfK/Müller-Glöge, § 626 BGB, Rn.39; Kittner/Däubler/Zwanziger, § 626 BGB, Rn.40; Stahlhacke/Preis/Vossen, Rn.453.

verbreitet ausländerfeindliche Parolen im Betrieb[264] (Störung im Betriebsbereich im Sinne des Betriebsfriedens). Der Arbeitnehmer übt außerhalb der Arbeitszeit eine nicht genehmigte Nebentätigkeit aus[265] (Störung im Vertrauensbereich). Der Arbeitnehmer ist nicht fähig, die vertraglich erbrachte Leistung zu erbringen[266] (Störung im Leistungsbereich). Des weiteren hat der Arbeitgeber vor der außerordentlichen Kündigung das Prognoseprinzip zu beachten: Eine außerordentliche Kündigung kann nur auf solche Gründe gestützt werden, die sich in der Zukunft konkret nachteilig auf das Arbeitsverhältnis auswirken[267]. Will der Arbeitgeber dem Arbeitnehmer aus wichtigem Grund kündigen, hat er (wenn bereits eine Abmahnung erteilt wurde oder diese entbehrlich ist[268]) die Frist des § 626 II S. 1 BGB einzuhalten, wonach die Kündigung innerhalb von zwei Wochen nach Kenntnis des wichtigen Grundes zu erfolgen hat.

a) Herkömmlicher Lösungsweg

Will der Arbeitnehmer im Geltungsbereich des KSchG die Unwirksamkeit einer Kündigung geltend machen, so hat er gem. §§ 13 I 2, 4, 7 KSchG innerhalb von drei Wochen Klage zu erheben. Fällt das Arbeitsverhältnis nicht in den Anwendungsbereich des KSchG, kann der Arbeitnehmer Feststellungsklage gem. § 256 ZPO erheben, gerichtet darauf, den Fortbestand des Arbeitsverhältnisses feststellen zu lassen. Die Frist des § 13 I KSchG hat er dann nicht einzuhalten, eine Grenze bildet lediglich die Verwirkung des Klagerechts[269].

b) Mediationsbedarf

Für Mediation bei außerordentlichen Kündigungen besteht kein Bedarf. Dies läßt sich aus einem Erst-Recht-Schluß im Vergleich zu ordentlichen Kündigungsstrei-

---

264 ArbG Bremen, BB 1994, S. 1568, Urteil vom 29.06.94-7 Ca 7160/94.

265 BAG BB 1971, S. 397, Urteil vom 3.12.1970-2 AZR 110/70.

266 BAG NZA 1996, S. 871, Urteil vom 21.03.96-2 AZR 455/95.

267 So die st. Rspr. und h.L.: BAG NZA 1995, S. 777, Urteil vom 9.03.95-2 AZR 497/94; BAG NZA 1997, S. 487, Urteil vom 21.11.96-2 AZR 357/95; Bitter/Kiel, RdA 1995, S. 26 (35); ErfK/Müller-Glöge, § 626 BGB, Rn.38; KR-Fischermeier, § 626 BGB, Rn.110ff; Stahlhake/Preis/Vossen, Rn.614/617ff.; *a.A: Heinze, in: FS für Söllner, S.63,69.*
Vgl. auch Hillebrecht, ZfA 1991, S. 87 (120).

268 Vgl. unten, V.

269 BAGE 9, S. 334, Urteil vom 15.07.60-1 AZR 191/59; BAG BB 1989, S. 990, Urteil vom 20.02.88-2 AZR 711/87; Kittner/Däubler/Zwanziger, § 13 KSchG, Rn. 3;
KR-Fischermeier, § 626 BGB, Rn.376; Palandt/Heinrichs, § 242 BGB, Rn.98. *Nach a.A. gilt § 13 I KSchG auch für Arbeitnehmer, deren Arbeitsverhältnisse nicht unter den Anwendungsbereich des KSchG fallen. Hier dürfe kein Unterschied gemacht werden, da sonst unbillige Ergebnisse zu erwarten seien. Vgl. Hueck/v.Hoyningen-Huene, § 13 KSchG, Rn.28,29; MünchKomm/Schwerdtner, § 626 BGB, Rn.246.* Ein Überblick über den Meinungsstreit bei KR-Friedrich, § 13 KSchG, Rn.29ff.

tigkeiten herleiten: Wenn Mediation bei ordentlichen Kündigungen keinen Anwendungsbedarf hat, kann sie bei außerordentlichen Kündigungen erst recht keine Lösungsalternative darstellen. Denn erstens gilt jedenfalls für Kündigungen im Bereich des KSchG auch hier die Klagefrist nach §§ 4, 7 KSchG. Zweitens tritt die Schärfe der Streitsituation bei einer außerordentlichen Kündigung prägnanter hervor. Hier geht es in der Regel um einen Vertrauensbruch durch den Arbeitnehmer, der zu einem sofortigem Beendigungswunsch des Arbeitgebers führt. Dieser kündigt das Arbeitsverhältnis, weil ihm eine Fortführung unzumutbar ist.

Beispiel 1:
Ein Warenlieferant äußert gegenüber belieferten Kunden der Wahrheit zuwider geschäftsschädigende Bemerkungen über die Qualität der gelieferten Waren[270].

Beispiel 2:
Arbeitnehmer A ist jeden Monat einige Tage krank geschrieben. Die diesbezüglichen Arbeitsunfähigkeitsbescheinigungen hat er seinem Arbeitgeber jeweils vorgelegt. Nach einiger Zeit stellt sich heraus, daß A während der Arbeitunfähigkeit in einer anderen Firma tätig geworden ist. Dieser hatte er jeweils am Monatsanfang mitgeteilt, wann er arbeiten kann[271].

Die aufgezeigten Fälle enthalten einen an sich zur Kündigung geeigneten wichtigen Grund. Ein Verhandlungsanlaß ist hier nicht gegeben; die verschiedenen Positionen hinsichtlich der Wirksamkeit der Kündigung können lediglich auf gerichtlichem Wege überprüft werden. Dies gilt in Anlehnung an die aufgezeigten Beispiele im Regelfall für sämtliche wichtigen Gründe, die zu einer außerordentlichen Kündigung berechtigen, denn der Arbeitgeber kann erst dann kündigen, wenn kein milderes Mittel als eine Kündigung ersichtlich ist[272]. Hat er zuvor mildere Mittel ausgeschöpft, ist eine Verhandlungsbereitschaft seinerseits nicht mehr anzunehmen.

2) Wichtiger Grund/Verdacht

Der Arbeitgeber kann dem Arbeitnehmer darüber hinaus außerordentlich kündigen, wenn der Verdacht einer strafbaren Handlung oder einer schwerwiegenden

---

270 Nach BAG DB 1998, S. 136, Urteil vom 18.09.97-2 AZR 36/97.
Vgl. Kittner/Däubler/Zwanziger, § 626 BGB, Rn.109.

271 BAG AP Nr. 112 zu § 626 BGB, Urteil vom 26.08.93-2 AZR 154/93.
Vgl. auch: LAG Köln, AP Nr. 127 zu § 626 BGB, Urteil vom 22.01.96-3 Sa 722/95 (außerordentliche Kündigung wegen Diebstahl von Betriebsmitteln); BAG NJW 2001, S. 1086, Urteil vom 8.06.2000-2 AZR 638/99 (außerordentliche Kündigung wegen Totschlags). Außerdem Kittner/Däubler/Zwanziger, § 626 BGB, Rn. 81.

272 Vgl. unten V.

Vertragsverletzung des Arbeitnehmers besteht[273]. Dazu muß es *gerade der Verdacht* sein, der das notwendige arbeitsvertragliche Vertrauensverhältnis stört[274]. Hat der Arbeitgeber einen durch objektive Tatsachen begründeten Verdacht, kann er den Arbeitnehmer jedoch erst kündigen, nachdem er ihn in der Sache angehört hat[275].

a) Herkömmlicher Lösungsweg

Der Arbeitnehmer hat ebenso wie bei einer auf eine Tat gestützte Kündigung die Möglichkeit der Kündigungsschutzklage bzw. Feststellungsklage[276].

b) Mediationsbedarf

Mediation ist insbesondere dann vorstellbar, wenn sich der Verdacht nicht bestätigt und der Arbeitnehmer Wiedereinstellung begehrt[277]. Hier sind Gespräche zwischen Arbeitgeber und Arbeitnehmer nötig, um einen zukünftig konfliktfreien Arbeitsablauf zu garantieren. Mediation könnte hier bei der Lösung von ‚Vertrauensproblemen' helfen. Erreicht der Arbeitnehmer allerdings Wiedereinstellung im Klagewege ist fraglich, ob nach einem langwierigen Kündigungsschutzprozeß, in dem er dem Arbeitgeber seine „Unschuld" beweisen mußte, überhaupt noch eine tatsächliche Wiederaufnahme der Arbeit in Betracht kommt. In den meisten Fällen wird die Lösung indes in einer Abfindungszahlung liegen.

IV) Zusammenfassung Kündigungsstreitigkeiten

Mediation findet bei Kündigungsstreitigkeiten keinen Anwendungsbedarf. Eine Kündigung beendet das arbeitsvertragliche Vertrauensverhältnis zwischen den Parteien. Es bleiben keine verhandelbaren Punkte, sondern lediglich streitbare Positionen. Dazu kommt, daß Arbeitgeber und Arbeitnehmer sich selten gemeinsam zu einer Mediation entschließen werden. Da der Arbeitgeber derjenige ist, der das Arbeitsverhältnis beenden möchte, muß die Motivation, gegen die Kündigung vorzugehen, vom Arbeitnehmer ausgehen[278]. Anstatt dem Arbeitgeber Mediation

---

273 VGH Mannheim NJW 2001, S. 1082, Beschluß vom 28.11.2000-PL 15 S 2838/99; BAG NZA 2000, S. 418, Urteil vom 18.11.99-2 AZR 743/98; LAG Hamburg NZA-RR 1999, S. 469, Urteil vom 8.07.98-4 Sa 38/97; BAG NJW 1993, S. 83, Urteil vom 26.03.92-2 AZR 519/91; ErfK/Ascheid, § 1 KSchG, Rn.404 und ErfK/Müller-Glöge, § 626 BGB, Rn.206ff; Lücke, BB 1997, S. 1842ff.; Moritz, NJW 1978, S. S. 402; MünchArbR/Berkowsky, § 144, Rn.5.

274 ErfK/Müller-Glöge, § 626 BGB, Rn.207; MünchArbR/Berkowsky, § 144, Rn.3.

275 BAG NZA 2000, S. 418, Urteil vom 18.11.99-2 AZR 734/98; ErfK/Müller-Glöge, § 626 BGB, Rn.211.

276 Vgl. oben, 1a.

277 Zu Wiedereinstellung bei Verdachtskündigung: MünchArbR/Berkowsky, § 144, Rn.16-18; Oetker, ZIP 2000, S. 643ff.; Ricken, NZA 1998, S. 460ff.

278 Vgl. dazu Frommel, ZRP 1983, S. 31 (35).

vorzuschlagen, ist es für den Arbeitnehmer unkomplizierter und vor allem effektiver, Kündigungsschutzklage zu erheben.

V) Streitigkeiten im Vorfeld einer Kündigung

Weiterhin ist zu untersuchen, ob Mediation bei Konflikten im Vorfeld von Kündigungen angewendet werden kann, also nachdem ein Konflikt entstanden ist, aber bevor der Arbeitgeber kündigt. Dies kann nur bei *verhaltensbedingten* ordentlichen und außerordentlichen Kündigungen in Betracht kommen, da bei betriebsbedingten und personenbedingten Gründen eine Einflußnahme des Arbeitnehmers auf den Kündigungsgrund im Regelfall nicht gegeben ist und damit kein Verhandlungsspielraum besteht[279]. Im Beispielsfall von oben[280] hieße das: K beginnt seine Arbeit wiederholt verspätet. Der Arbeitgeber erteilt eine Abmahnung und kündigt schließlich. Zu prüfen ist hier, ob Mediation anstelle der Kündigung, d.h. vor oder nach der Abmahnung, in Betracht kommt.

1) Herkömmlicher Lösungsweg

Eine Streitigkeit im Vorfeld einer Kündigung liegt dann vor, wenn ein Vorfall bzw. ein vertragswidriges Verhalten des Arbeitnehmers den Arbeitgeber zwar grundsätzlich zu einer Kündigung berechtigt, er aber zuvor andere Reaktionsmöglichkeiten ausschöpfen muß[281]. Solche können Warnungen[282] oder Betriebsbußen[283] sein, vor allem aber hat der Arbeitgeber den Arbeitnehmer bei vertragswidrigem Verhalten aufgrund des *ultima ratio* Grundsatzes abzumahnen[284]. Dies

---

279 Vgl. oben, 1. Bei einer personenbedingten Kündigung ist eine Abmahnung weder erforderlich noch zulässig. Kittner/Däubler/Zwanziger, § 1 KSchG, Rn.69.

280 Vgl. oben,1 b.

281 Eine Aufzählung der Reaktionsmöglichkeiten bei Kittner/Däubler/Zwanziger, Einleitung, § 626 BGB, Rn.77ff. Vgl. auch v.Hoyningen-Huene, NZA 1987, S. 577ff.

282 Eine Warnung oder Ermahnung unterscheidet sich von der Abmahnung durch die fehlende Androhung von Konsequenzen in Bezug auf die Beendigung des Arbeitsverhältnisses. Sie weist lediglich auf das Fehlverhalten hin. Kittner/Däubler/Zwanziger, Einleitung, § 626 BGB, Rn.77; Schaub, NJW 1990,
S. 872 (873).

283 Eine Betriebsbuße kann nur verhängt werden, wenn sie in einer Betriebsordnung vorgesehen ist und der Betriebsrat nach § 87 I Nr. 1 BetrVG zugestimmt hat. Sie ergeht meist in der Form von Geldbuße oder Verweis. ErfK/Müller-Glöge, § 626 BGB, Rn.57; Kittner/Däubler/Zwanziger, Einleitung, § 626 BGB, Rn.78; v.Hoyningen-Huene, NZW 1987, S. 577 (578).

284 BAG NJW 1979, S. 332, Urteil vom 30.05.78-2 AZR 630/76; ErfK/Müller-Glöge, § 626 BGB, Rn.44; Kittner/Däubler/Zwanziger, § 626 BGB, Rn.34; KR-Fischermeier, § 626 BGB, Rn.253ff. Die Betriebsbuße ist kein milderes Mittel im Sinne des ultima ratio Grundsatzes, da sie als Sanktion nicht zu der Rechtsnatur der Kündigung als Gestaltungsrecht paßt (so die h.M. Vgl. BAG EzA § 1 KSchG, verhaltensbedingte Kündigung Nr. 37, Urteil vom 17.01.91-2 AZR 375/90; Hillebrecht, ZfA 1991, S. 87 (125); KR-Fischermeier, § 626

gilt nach ständiger Rechtsprechung vor Ausspruch einer außerordentlichen[285] oder ordentlichen verhaltensbedingten Kündigung[286], es sei denn, die Abmahnung kann als nicht erfolgversprechend angesehen werden[287]. Die Abmahnung muß den Arbeitnehmer auf sein pflichtwidriges Verhalten hinweisen und ihm bei Wiederholung die Konsequenz einer Kündigung androhen[288]. Wiederholt sich der Verstoß durch den Arbeitnehmer, kann der Arbeitgeber kündigen.

2) Mediationsbedarf

Konfliktlösung durch Vermittlung im Vorfeld einer Kündigung ist grundsätzlich in zwei Varianten denkbar. Erstens: Führt arbeitsvertragswidriges Verhalten des Arbeitnehmers zu einem Konflikt zwischen Arbeitnehmer und Arbeitgeber, könnte der Arbeitgeber, anstatt eine Abmahnung zu erteilen, mit dem Arbeitnehmer verhandeln, um eine Verhaltensänderung herbeizuführen. Zweitens: Der Arbeitgeber erteilt eine Abmahnung und die Parteien verhandeln danach über den entstandenen Konflikt, um weitere Streitigkeiten in der Zukunft zu vermeiden.

a) Mediation anstatt Abmahnung

Die Ausgangsfrage bezog sich auf die Überlegung, ob Mediation im Bereich von Streitigkeiten im Vorfeld einer Kündigung eine effektive Lösungsmethode darstellen kann. Unter effektiv ist wiederum die Gewährung größtmöglichen Rechtsschutzes zu verstehen, dessen Verlust diesmal auf der Arbeitgeberseite eintreten könnte. Denn: Verzichtet der Arbeitgeber auf die Erteilung einer Abmahnung, um anstelle dieser mit dem Arbeitnehmer über dessen vertragswidriges Verhalten zu verhandeln, schneidet er sich sein Recht auf Kündigung im Wiederholungsfall ab[289]. Er müßte, obwohl eine Wiederholung des pflichtwidrigen Verhaltens vor-

---

BGB, Rn.285; Preis, DB 1990, S. 685 (687); Stahlhacke/Preis/Vossen, Rn.691.

285 Dies gilt jedenfalls bei Störungen im Leistungsbereich, bei Dauerverhalten und bei Wiederholungsgefahr von pflichtwidrigem Verhalten. ErfK/Müller-Glöge, § 626 BGB, Rn.47ff.; Palandt/Putzo, § 626 BGB, Rn.18.

286 So die st. Rspr. und h.L.: BAG NJW 1994, S. 2783, Urteil vom 17.02.94-2 AZR 616/93; BAG NZA 1996, S. 1201 (1202), Urteil vom 25.04.96-2 AZR 74/95; Berkowsky, Die personen– und verhaltensbedingte Kündigung, § 24, Rn.1; ErfK/Müller-Glöge, § 626 BGB, Rn.44ff.; Palandt/Putzo, § 626 BGB, Vorbem. §620 BGB, Rn.41; v.Hoyningen-Huene, RdA 1990, S.193ff.; Zöllner/Loritz, § 22 III 2b. Vgl. außerdem: Schaub, Die arbeitsrechtliche Abmahnung, NJW 1990, S. 872ff.; Schmid, Die Abmahnung und ihre rechtliche Problematik, NZA 1985, S. 409ff.

287 BAG AP Nr. 32 zu § 102 BetrVG 1972, Urteil vom 12.07.84-2 AZR 320/83; ErfK/Müller-Glöge, § 626 BGB, Rn.48; Palandt/Putzo, § 626 BGB, Rn.18; Schaub, NJW 1990, S. 872 (875).

288 Berkowsky, Die personen– und verhaltensbedingte Kündigung, § 24, Rn.8; Schmid, NZA 1985, S. 409 (410).

289 KR-Fischermeier, § 626 BGB, Rn.259; Stahlhacke/Preis/Vossen, Rn.686.

liegt, zunächst abmahnen und einen weiteren Wiederholungsfall abwarten, um kündigen zu können. Für den Arbeitgeber ist Mediation anstelle einer Abmahnung somit ungeeignet; es besteht kein Anwendungsbedarf.

b) Mediation trotz Abmahnung

Gegenteilig ist das Ergebnis bei der zweiten Variante, Mediation nach Erteilung einer Abmahnung zur Vermeidung weiterer Streitigkeiten anzuwenden. Hier besteht Raum für Mediation, denn nach Erteilung einer Abmahnung ist das Verhältnis von Arbeitgeber und Arbeitnehmer zwar in der Regel gespannt, mit der Abmahnung signalisiert der Arbeitgeber jedoch auch, daß er den Pflichtverstoß noch nicht zum Anlaß einer endgültigen Beendigung des Arbeitsvertrages nimmt bzw. nehmen kann. Durch Mediation könnte der Konflikt für die Zukunft gelöst werden. Zurückgegriffen auf einen Beispielsfall von oben kann dies bedeuten[290]: A kommt wiederholt angetrunken zur Arbeit, der Arbeitgeber warnt ihn und erteilt schließlich eine Abmahnung. Bevor es zu einem erneuten Verstoß durch A kommt, könnte Mediation stattfinden, die beispielsweise mit einer Vereinbarung zwischen A und seinem Arbeitgeber dahingehend endet, daß A sich aufgrund seines Alkoholkonsums ärztlich untersuchen läßt und sein Arbeitgeber für einen bestimmten Zeitraum Nachsicht übt. Hier könnte sie effektiv für das Fortbestehen des Arbeitverhältnisses sein. Gleiches ist vorstellbar bei dem Beispiel, indem K wiederholt zu spät zur Arbeit erscheint[291]. Hier könnten sich K und sein Arbeitgeber nach mehrmaligen Verspätungen des K und einer bereits ergangenen Abmahnung mediativ auseinandersetzen. Dabei könnte zum Beispiel erörtert werden, ob in den Verspätungen des K ein tieferliegender Grund, etwa psychologischer Art, liegt. Der Arbeitgeber könnte sich zu der Einrichtung von Gleitzeit bereit erklären, so daß K seine Arbeit später beginnen kann. Diese beispielhaften Alternativen zeigen die mögliche Effektivität von Mediation bei Streitigkeiten im Vorfeld einer Kündigung. Der Arbeitgeber würde auf sein Kündigungsrecht bei nochmaligem Verstoß des Arbeitnehmers nicht verzichten. Gleichzeitig treffen die Parteien eine einvernehmliche Regelung für die Zukunft, die ein erneutes vertragswidriges Verhalten des Arbeitnehmers ggf. gänzlich verhindert.

3) Ergebnis

Bei Konflikten im Vorfeld einer Kündigung besteht für Mediation bedingt Anwendungsbedarf. Das gilt für die Fälle, in denen der Arbeitgeber dem Arbeitnehmer schon eine Abmahnung erteilt hat. Sind die Parteien daran interessiert, das Arbeitsverhältnis zukünftig konfliktfrei fortzuführen, kann eine gemeinsame Verhandlung von Vorteil sein.

---

290 Vgl. 1b.

291 Vgl.1b.

VI) Inhaltsstreitigkeiten

Inhaltsstreitigkeiten sind Streitigkeiten zwischen Arbeitgeber und Arbeitnehmer, bei denen es um Begleitumstände des bestehenden Arbeitsverhältnisses geht, zum Beispiel um Entgeltzahlung, Urlaub, Arbeitszeit u.ä.[292]. Lediglich rund 30% der Inhaltsstreitigkeiten werden gerichtlich verhandelt[293]. 70% finden folglich eine Konfliktbeendigung auf anderem Wege.

1) Streit über inhaltliche Fragen aus dem Arbeitsverhältnis

a) Herkömmliche Lösung

Für eine Streitlösung über inhaltliche Probleme kommt zunächst ein Gespräch zwischen Arbeitgeber und Arbeitnehmer in Betracht. Dazu ist der Arbeitgeber aufgrund seiner arbeitsvertraglichen Fürsorgepflicht, die ihm die Wahrung der Arbeitnehmerbelange auferlegt, verpflichtet[294]. Führt ein Gespräch nicht zu einer einvernehmlichen Lösung, kann der Arbeitgeber die Streitigkeit im Rahmen seines Direktionsrechts nach billigem Ermessen (§ 315 BGB) selbst entscheiden[295]. Zum Beispiel: Eine Mitarbeiterin soll künftig nicht mehr als Sekretärin für Abteilungsleiter A, sondern Abteilungsleiter B tätig sein[296]. In ihrem Arbeitsvertrag ist die Möglichkeit einer solchen Versetzung vorgesehen. Die Arbeitnehmerin ist damit dennoch nicht einverstanden, weil ihr B unsympathisch ist und sie eine Verschlechterung des Arbeitsklimas befürchtet. Nach einem Gespräch mit ihrem Vorgesetzten, in dem beide auf ihren Positionen beharren, bekommt sie die Weisung, demnächst für B tätig sein zu müssen. Um ihre Arbeitsstelle nicht zu verlieren, fügt sie sich schließlich. Dieses Beispiel zeigt, daß die Lösung eines Konflikts über die ‚Begleitumstände' der Arbeit letztlich beim Arbeitgeber verbleibt. Ist eine solche Versetzung beispielsweise im Arbeitsvertrag vorgesehen, kann der Arbeitgeber entscheiden, wann und wohin er den Arbeitnehmer versetzt[297]. Das alleinige Entscheidungsrecht trägt damit der Arbeitgeber.

---

292 Grob unterteilen lassen sich Inhaltsstreitigkeiten in Entgeltstreitigkeiten und ‚alle anderen Konflikte'. Grund für diese Unterteilung ist, daß rund 30% der Entgeltstreitigkeiten, aber nur ca. 10% der anderen Streitigkeiten (Urlaub, Arbeitszeit, Versetzung etc.) im Klagewege gelöst werden. Vgl. Grotmann-Höfling, S. 31.

293 Grotmann-Höfling, S. 31. Vgl. auch Bieler/Hage/Heilmann, AiB 1998, S.677.

294 ErfK/Preis, § 611 BGB, Rn.883; Kort, NZA 1996, S. 854ff.; MünchArbR/Blomeyer, § 94, Rn.1ff.
Nach v.Hoyningen-Huene stellt die Möglichkeit des Gesprächs mit dem Versuch der argumentativen Überzeugung die erste Stufe der betrieblichen Streitschlichtung dar. NZA 1987, S. 577.

295 Vgl. Böttner, S.9ff.; Hunold, Das Weisungsrecht des Arbeitgebers; Söllner, S. 9ff.; v.Hoyningen-Huene, NZA 1987, S. 577 (578); Zöllner/Loritz, § 6 I 8. Hier erlangt erneut das arbeitsvertragliche Abhängigkeitsverhältnis Bedeutung, vgl. oben, V.

296 Beispiel nach Hunold, S.29.

297 Zum Direktionsrecht bei der Versetzung vgl. v.Hoyningen-Huene/Boemke, S.83.

b) Mediationsbedarf

Inhaltsstreitigkeiten betreffen Konfliktsituationen innerhalb eines bestehenden Arbeitsverhältnisses. Ein Anwendungsbereich für Mediation ist deshalb – im Gegensatz zu Kündigungsstreitigkeiten zum Beispiel – grundsätzlich eröffnet, denn hier ist es besonders wichtig, die „sozialen Kosten“ gering zu halten und das Betriebsklima nicht zu gefährden, da das rechtliche Verhältnis fortgeführt wird. Ein Dialog bietet sich geradezu an: Es besteht Verhandlungsspielraum zwischen Arbeitgeber und Arbeitnehmer über die Modalitäten einer zu treffenden inhaltlichen Regelung. Mediation bringt hier außerdem den für den Arbeitnehmer psychologisch günstigen Aspekt mit sich, selbst an der Lösung der Streitigkeit beteiligt zu sein und sich nicht dem Arbeitgeberwillen zu unterwerfen. Mediation kann deshalb für ein fortzuführendes konfliktfreies Arbeitsverhältnis somit grundsätzlich eine effektive Lösung sein[298]. Dies gilt jedoch nicht für jede Art von Inhaltsstreitigkeiten, auch hier ist stets nach dem Einzelfall zu entscheiden. Geht es zum Beispiel um Entgeltfortzahlungen im Rahmen eines Krankheitsfalles oder um Sonderzuwendungen[299], kann der gerichtliche Weg die effektivere Variante für den Arbeitnehmer sein, denn bei Streit um einem Zahlungsanspruch geht es um klare Positionen, bei denen eine Verhandlung über Interessen nicht sinnvoll ist. Der Arbeitnehmer benötigt hier eine durchsetzbare vollstreckbare Entscheidung, die er am geeignetsten mit einer Leistungsklage verfolgen kann, auch wenn die Arbeitsvertragsparteien durch die Klage an Vertrauen verlieren.

2) Benachteiligungen durch den Arbeitgeber: Das Beschwerderecht des Arbeitnehmers gem. §§ 84, 85 BetrVG

a) Herkömmlicher Lösungsweg

Streiten sich Arbeitgeber und Arbeitnehmer nicht über sog. Begleitumstände der Arbeit, sondern fühlt der Arbeitnehmer sich durch Handlungen des Arbeitgebers benachteiligt, ungerecht behandelt oder sonst beeinträchtigt, räumen ihm die Vorschriften §§ 84, 85 BetrVG das Recht ein, sich bei der zuständigen Stelle des Betriebes - in der Regel der unmittelbare Vorgesetzte des Arbeitnehmers[300] - zu beschweren[301]. § 84 BetrVG unterscheidet sich von § 85 BetrVG nur in seiner Vorgehensweise: § 84 I BetrVG betrifft die Beschwerde bei der zuständigen Stelle des Betriebs und deren Behandlung durch den Arbeitgeber. Nach § 85 I BetrVG

---

298 Ebenso Ponschab/Dendorfer, Beilage zu BB 6/2001, S. 4.

299 Zum Beispiel: BAG AP Nr.137 zu § 611 BGB (Gratifikation), Urteil vom 25.04.91-6 AZR 532/96; BAG AP Nr. 174 zu § 611 (Gratifikation), Urteil vom 10.05.1995-10 AZR 648/94.

300 DKK-Buschmann, § 84 BetrVG, Rn.12; Fitting, § 84 BetrVG, Rn.13; GK-Wiese, § 84 BetrVG, Rn.16. Richardi, § 84 BetrVG, Rn.12.

301 Zu beachten sind in diesem Zusammenhang die speziellen Beschwerderechte nach § 3 BeschäftigtenschG und § 17 II ArbschG, vgl. Hallmen, S. 9.
Zu den Beschwerderechten nach §§ 84, 85 BetrVG Bieler/Hage/Heilmann, AiB 1998, S. 677ff.; v.Hoyningen-Huene, NZA 1987, S. 577ff.

hat der Betriebsrat Beschwerden von Arbeitnehmern entgegen zu nehmen und, falls er sie für berechtigt erachtet beim Arbeitgeber auf Abhilfe hinzuwirken. Der Arbeitnehmer kann wahlweise nach § 84 oder § 85 vorgehen[302].

b) Mediationsbedarf

Besteht neben dem Beschwerderecht des Arbeitnehmers noch ein Bedarf an Mediation für die von den §§ 84, 85 BetrVG erfaßten Streitigkeiten[303]? Dies ist zu verneinen, denn das Beschwerderecht bietet bereits einen gesetzlich vorgesehenen innerbetrieblichen Lösungsweg[304]. Fühlt sich ein Arbeitnehmer durch Handlungen des Arbeitgebers benachteiligt, ist eine Einleitung von Mediation fernliegend, wenn der Arbeitnehmer schon die Möglichkeit hat, die betriebliche Beschwerdestelle in Anspruch zu nehmen. Dies gilt insbesondere dann, wenn gem. § 84 I 2 BetrVG ein Betriebsratsmitglied zur Unterstützung oder *Vermittlung* in der Streitsache hinzugezogen wird[305]. Bei dieser gesetzlich normierten Vermittlung handelt es sich zwar nicht um Mediation, da die Auseinandersetzung lediglich auf Initiative des Arbeitnehmers stattfindet und dieser die Streitentscheidung letztlich nicht beeinflussen kann, weil der Arbeitgeber über den Umgang mit der Beschwerde zu entscheiden hat. Im Falle einer Vermittlung durch ein Betriebsratsmitglied ist für zusätzliche Mediation dennoch kein Raum, denn eine weitere Vermittlung nach einer fehlgeschlagenen Vermittlung ist überflüssig.

---

302 DKK-Buschmann, § 84, Rn.3; Fitting, § 84 BetrVG, Rn.1; GK-Wiese, § 84 BetrVG, Rn.31; Richardi, § 84 BetrVG, Rn.31.

303 Nach v.Hoyningen-Huene ist eine vorschnelle Beschwerde bei der betrieblichen Beschwerdestelle eher schädlich, da so Betriebsrat und Arbeitgeber offiziell in den Konflikt miteinbezogen würden. Vorzuziehen sei ein Gespräch mit einer Führungskraft als Schlichter. NZA 1987, S. 577 (579 III). Vgl. auch Bieler/Hage/Heilmann, AiB 1998, S. 677 (679), nach denen eine Beschwerde, die möglicherweise bis vor die Einigungsstelle gelangt (§ 85 II BetrVG) das Problem einer massiven Vertrauensstörung zwischen Arbeitgeber und Arbeitnehmer beinhaltet.

304 Vgl. Breisig: S. 194ff; Hallmen: Die Beschwerde des Arbeitnehmers als Instrument innerbetrieblicher Konfliktregelung.
Bieler/Hage/Heilmann weisen darauf hin, daß dem Beschwerderecht des Arbeitnehmers in Deutschland, verglichen mit anderen Ländern, nur geringe Bedeutung zukommt. Ein sich beschwerender Arbeitnehmer trage ein hohes Risiko, besonders wenn sich seine Beschwerde gegen ranghöhere Personen richtet. AiB 1998, S. 677 (679).
Ob Mediation als zusätzliche Konfliktlösung neben den §§ 84, 85 BetrVG überhaupt zulässig wäre, vgl. § 10.

305 Str. ist, ob §§ 81 ff. BetrVG auch für Betriebe gelten, in denen gar kein Betriebsrat besteht. Bejahend: DKK-Buschmann, § 84 BetrVG, Rn.2; Fitting, § 84 BetrVG, Rn.1; GK-Wiese, Vorbem. § 81 BetrVG, Rn.21; Richardi, Vorbem. § 81 BetrVG, Rn.4.
a.A.: Worzalla, NZA 1994, S. 1019.

VII) Konflikte unter Arbeitnehmern

Konflikte unter Arbeitnehmern sind in vielfältigen Formen denkbar, zum Beispiel als Streitigkeiten im Bereich Organisation eines gemeinsamen Arbeitsablaufs oder als Konflikte auf persönlicher Ebene, die sich bis zu Mobbing steigern können[306].

1) ‚Organisationsbedingte Streitigkeiten'

a) Herkömmliche Lösung

Bei Streitigkeiten die beispielsweise einen gemeinsamen Arbeitsablauf betreffen, ist der Arbeitgeber der naheliegendste Ansprechpartner[307]. Im Grunde gelten hier die Ausführungen, die zu Inhaltsstreitigkeiten zwischen Arbeitgeber und Arbeitnehmer gemacht wurden: Der Arbeitgeber hat zunächst zu versuchen, zwischen den Arbeitnehmern eine einvernehmliche Lösung herbeizuführen. Gelingt dies nicht, kann er den Streit wiederum aufgrund seines Direktionsrechts entscheiden. Angenommen A und B teilen sich ein Büro. A ist Raucher, B Nichtraucher. Aufgrund dessen kommt es zum Streit. Der von den Beteiligten hinzu gezogene Arbeitgeber versucht eine gütliche Einigung herbeizuführen. Da keiner der beiden nachzugeben gedenkt, trifft der Arbeitgeber eine Entscheidung zugunsten des B. A muß sich zukünftig an ein Rauchverbot in seinem Büro halten. Die Entscheidungsbefugnis liegt damit beim Arbeitgeber.

b) Mediationsbedarf

Bei einem Streit zwischen Arbeitnehmern liegt ein Konflikt in einem rechtlich neutralen Beziehungsgefüge vor[308], welches grundsätzlich einen vorteilhaften

---

306 Vgl. zu Streitigkeiten zwischen Arbeitnehmern Budde, in: Henssler/Koch, § 15; Kirsch/Esser, in: Hdb. Personalwesen, Sp. 1125ff.; Tomandl, Arbeitnehmerkonflikte aus rechtlicher Sicht; v.Hoyningen-Huene, § 4 III 4.; ders., NZA 1987, S. 577ff.
Fürstenberg unterscheidet zwischen Sozialisationsmängel, Kooperationsmängel und Diskriminierungseffekten und zeigt juristische Lösungsvorschläge auf.
In: Tomandl, S. 27ff.
Zum Thema Mobbing Däubler, BB 1995, S. 1347ff.; Gralka, BB 1995, S. 2651ff.
Gerade im Bereich von Mobbing bestehen oftmals innerbetriebliche Lösungswege - auch außerhalb von §§ 84, 85 BetrVG -. So können zum Beispiel Betriebsvereinbarungen mit Regelungen gegen Mobbing vorhanden sein. So zum Beispiel die Anti-Mobbing-Betriebsvereinbarung bei VW, abgedruckt in AuR 1996, S.443. Vgl. auch Bieler/Hage/Heilmann, AiB 1998, S. 677.

307 v.Hoyningen-Huene sieht die vorschnelle Zuhilfenahme des Arbeitgebers als schädlich an. Seiner Ansicht nach unterscheiden sich Konflikte zwischen Arbeitnehmern am Arbeitsplatz nicht von solchen im privaten Bereich. NZA 1987, S. 577 (579 III).
Dabei übersieht v.Hoyningen-Huene jedoch, daß gerade der Arbeitsplatz eine Verbindung zwischen den Arbeitnehmern schafft, die sie von einem privaten Streit unterscheiden.

308 Schnorr, in: Tomandl, S. 2: „Den Arbeitnehmern untereinander fehlt eine allgegenwärtige rechtliche Relevanz." Zu der Beziehung der Arbeitnehmer untereinander außerdem Mayer-Maly, der sich jedoch auf die österreichische Rechtslage bezieht. In: Tomandl, S. 58ff.

Ausgangspunkt für Mediation darstellt, da zwischen den Medianten kein Machtgefälle besteht[309]. Ebenso ist zu beachten, daß die Beziehung zwischen Arbeitnehmern in der Regel zukunftsfähig und konfliktfrei zu sein hat. Dies spricht dafür, bei einer Streitigkeit den Verhandlungsweg zwischen den Parteien zu wählen. Weitere Argumente mit psychologischem Hintergrund begünstigen eine Anwendung von Mediation und sprechen gegen eine einseitige Lösung durch den Arbeitgeber: Nehmen die streitenden Arbeitnehmer den Arbeitgeber zur Lösung ihres Streits zu Hilfe, obliegt es ihm, sich für eine Position und damit für ‚einen Arbeitnehmer' zu entscheiden. Dies kann bei dem anderen Arbeitnehmer Unzufriedenheit und das Gefühl ungerecht behandelt worden zu sein hervorrufen[310]. Beteiligt sich der Arbeitgeber hingegen nicht an der Streitlösung, sondern überläßt den Einigungsversuch den Arbeitnehmern unter Beteiligung eines neutralen Dritten, erleidet keine Partei das Gefühl der Benachteiligung durch den Arbeitgeber. Mediation kann deshalb im diesem Bereich der Arbeitnehmerstreitigkeiten effektiv sein[311].

2) Streitigkeiten auf persönlicher Ebene

a) Herkömmlicher Lösungsweg

Handelt es sich um Streitigkeiten auf persönlicher Ebene, hat ein sich durch Kollegen benachteiligt fühlender Arbeitnehmer wiederum die Möglichkeit, sich gem. §§ 84, 85 BetrVG zu beschweren. Hier gilt das oben Gesagte[312].

b) Mediationsbedarf

Auch hier kann auf oben verwiesen werden. Ebenso wie bei dem Beschwerderecht des Arbeitnehmers bei Streitigkeiten mit dem Arbeitgeber bieten die §§ 84, 85 BetrVG einen nicht weiter auszufüllenden Rahmen zur Streitlösung. Zusätzliche Mediation ist hier überflüssig.

VIII) Ergebnis

Letztlich hängt der Anwendungsbereich der außergerichtlichen, nicht gesetzlich geregelten Vermittlung bei individualarbeitsrechtlichen Konflikten von den einzelnen Fallgestaltungen ab, für die lediglich durch Bildung von Gruppen eine halbwegs allgemeine Aussage getroffen werden kann[313]. Im folgenden sind die Ergebnisse der vorangegangenen Erläuterungen zusammengefaßt.

---

309 Anders eventuell bei Streitigkeiten zwischen ranghöheren und rangniedrigeren Arbeitnehmern.

310 So auch v.Hoyningen-Huene, NZA 1987, S. 577 (579 III).

311 Ebenso Ponschab/Dendorfer, Beilage zu BB 6/2001, S. 4. Zu der Frage der tatsächlichen Durchsetzungsmöglichkeit von Mediation im Streitfall vgl. § 8.

312 Vgl. V).

313 Ähnlich die Fallgruppen bei Richter/Schwartz, AuA 2000, S. 582 (585).

Art des Konflikts	Mediationsbedarf
Ordentliche Kündigungsstreitigkeiten gem. § 1 KSchG	Kein Anwendungsbedarf
Ordentliche Kündigungsstreitigkeiten gem. §§ 620, 622 BGB	Kein Anwendungsbedarf
Außerordentliche Kündigungsstreitigkeiten	Kein Anwendungsbedarf
Streitigkeiten im Vorfeld einer Kündigung	Anwendungsbedarf nach Erteilung einer Abmahnung
Inhaltsstreitigkeiten zwischen Arbeitgeber und Arbeitnehmer	Anwendungsbereich nur soweit §§ 84, 85 BetrVG nicht einschlägig sind.
Inhaltsstreitigkeiten zwischen Arbeitnehmern	Anwendungsbereich nur soweit §§ 84, 85 BetrVG nicht einschlägig sind.

§ 8 Mediationspflicht?

Die vorangegangenen Ausführungen haben Anwendungsmöglichkeiten für Mediation bei Streitigkeiten im Vorfeld einer Kündigung, bei Inhaltsstreitigkeiten und bei Streit im Arbeitnehmer/Arbeitnehmer Verhältnis aufgezeigt[314]. Es stellt sich nachfolgend die Frage, warum Mediation in der betrieblichen Praxis trotz ihrer möglichen Effektivität in den genannten Bereichen dennoch nicht oder nur selten angewendet wird[315]. Die Antwort liegt beim Arbeitgeber, denn diesen trifft die Verantwortlichkeit, sich bei einem Streit mit einem Arbeitnehmer für einen Lösungsversuch durch Mediation zu entscheiden. Problematisch ist dabei, daß er seine eigene Streitentscheidungskompetenz an einen Mediator abgeben müßte. Wenn der Arbeitgeber nicht zu dieser Maßnahme bereit ist, da sie ihn in Regel finanziell und zeitlich belastet, sondern beispielsweise den Konflikt zwischen zwei Arbeitnehmern selbst zu entscheiden gedenkt, haben diese keine Möglichkeit, Streitlösung durch Mediation zu fordern. Hier gewinnt das arbeitsvertragliche Abhängigkeitsverhältnis erneut an Bedeutung[316].

Da Mediation jedoch für die genannten Konflikte grundsätzlich effektiv sein kann, muß de lege ferenda überlegt werden, wie die Arbeitsvertragsparteien –

---

314 Sog. weiches Konfliktpotential, Richter/Schwartz, AuA 2000, S. 583 (585).

315 Vgl. Schubert, AiB 2000, S. 526.

316 Vgl. § 7.

insbesondere der Arbeitgeber - zu Konfliktvermittlung veranlaßt werden könnten. Eine dahingehende Veranlassung kommt als Mediationspflicht durch Gesetz, richterliche Anordnung oder Vertrag in Betracht.

I) Gesetzliche Verpflichtung

Die Arbeitsvertragsparteien könnten aufgrund gesetzlicher Vorgabe zu Mediation im Streitfall verpflichtet werden. Vorbilder für eine solche Regelung im Individualarbeitsrecht existieren bis jetzt lediglich in Bezug auf Schlichtungsstellen, zum Beispiel § 111 II ArbGG oder § 28 ArbNErfG[317]. Eine ebensolche Verpflichtungsmöglichkeit ist für das allgemeine Zivilrecht durch den am 1.1.2000 mit dem Gesetz zur Förderung der außergerichtlichen Streitbeilegung neu eingeführten § 15 a EGZPO geschaffen worden[318]. Danach kann durch Landesgesetz bestimmt werden, daß die Erhebung der Klage (in bestimmten Fällen) erst zulässig ist, nachdem von einer durch die Landesjustizverwaltung eingerichteten oder anerkannten Gütestelle[319] versucht worden ist, die Streitigkeit einvernehmlich beizulegen [...][320]. Es ist zu prüfen, ob im Individualarbeitsrecht eine ähnliche Regelung in Hinblick auf Mediation getroffen werden könnte, mit der Folge, alle Streitigkeiten, die sonst im Klagewege entschieden würden, einem mediativen Lösungsversuch zu unterwerfen. Bislang existiert in Deutschland in keinem Rechtsgebiet eine gesetzliche Verpflichtung zu Mediation[321]. Es ist deshalb zu klären, ob eine dahingehende Vorschrift überhaupt zulässig wäre. Einwände gegen eine derartige Norm könnten in der Rechtsweggarantie und im Prinzip der Freiwilligkeit des Mediationsverfahrens liegen.

---

317 Vgl. § 1.

318 Gesetz vom 15.12.99, BGBl I, 2400.

319 Ein Überblick über die eingerichteten und anerkannten Gütestellen bei Rüssel, NJW 2000, S. 2800ff. Gem. § 15 a III EGZPO entfällt das Erfordernis eines Einigungsversuches [...], wenn die Parteien einen Einigungsversuch vor einer sonstigen Gütestelle, die Streitbeilegung betreibt, unternommen haben. Dazu gehört nach dem Gesetzesentwurf auch Mediation (BT-Dr. 14/980).

320 Eine umfassende Auseinandersetzung mit der neuen Regelung bietet Hartmann, NJW 1999, S. 3745ff. Außerdem: Prütting, in FS f. Hanau, S. 743/753; Stadler, NJW 1998, S. 2479ff; Wagner, JZ 1998, S. 846; ders. NJW 2001, S. 182ff.

321 Zum Teil bestehen in anderen Ländern Vorschriften, die Mediation unmittelbar erwähnen. So hat zum Beispiel nach englischem Prozeßrecht derjenige die Gerichtskosten zu tragen, der sich Mediation wiedersetzt hat, auch wenn er letztendlich im Prozeß obsiegt. Dort müssen sich die Parteien nachweislich um außergerichtliche Streitbeilegung bemüht haben. Vgl.: Piehl, FAZ vom 11.06.1999, S. 22; Darüber hinaus haben bislang 50% der US-amerikanischen Staaten verpflichtende Mediationsgesetze, vgl. Proksch, FamRZ 1989, S. 916 (919).

1) Rechtsweggarantie

Für privatrechtliche Streitigkeiten ergibt sich die Rechtsweggarantie aus dem Rechtsstaatsprinzip unter einer wechselseitigen Beeinflussung mit Art 19 IV GG[322]. Danach hat jedermann[323] einen allgemeinen Justizgewährungsanspruch, der nicht nur den Rechtsweg garantiert, sondern auch die Effektivität des gerichtlichen Verfahrens[324]. Mithin ist fraglich, ob eine gesetzliche Verpflichtung zur mediativen Konfliktlösung gegen die Rechtsweggarantie verstoßen könnte[325]. Das hängt davon ab, wie die gesetzliche Vorschrift ausgestaltet ist[326]. Eine Normierung zum Beispiel in der Form, Mediation als einziges Lösungsmittel vorzusehen, ist zweifelsfrei nicht möglich[327]. In Betracht kommt jedoch eine Vorschrift, die zu Mediation vor Anrufung einer gerichtlichen Instanz verpflichtet (beispielsweise nach dem arbeitsrechtlichen Vorbild von § 111 II ArbGG[328] und §§ 28ff. ArbNErfG). Ist eine einvernehmliche Entscheidung der Parteien offensichtlich nicht erreichbar, stünde der Gerichtsweg offen. Mediation wäre bei einem solchen Vorgehen lediglich eine Stufe auf dem Weg zur Streitlösung durch den Richter. Eine derartige Norm wäre unbedenklich und ein Verstoß gegen die Rechtsweggarantie nicht erkennbar[329].

---

322 BVerfGE 54, S. 277 (291), Beschluß vom 11.06.1980-1 BvR 194/78; BVerfGE 84, S. 366 (369) , Beschluß vom 8.10.91-1 BvR 1324/90; BVerfGE 85, S. S. 337 (345), Beschluß vom 12.02.92-1 BvL 1/89; BVerfGE 88, S. 118 (123), Beschluß vom 2.03.1993-1 BvR 249/92; Dreier-Schulze-Fielitz, Art 19 IV GG, Rn.28; Maunz-Dürig, Art 20 GG (Rechtsstaatlichkeit), Rn.11; Schmidt-Bleibtreu-Klein, Art 20 GG, Rn.21.

323 Maunz-Dürig, Art 19 GG, Rn.38.

324 BVerfGE 88, S. 118 (123), Beschluß vom 2.03.93-1 BvR 249/92.

325 Diesbezügliche Überlegungen finden sich auch bei Prütting, in: Breidenbach/Henssler, S. 66. Prütting sieht in jedem Zugangshindernis zu Gericht zugleich auch eine gewisse Einschränkung des verfassungsrechtlich garantierten freien Gerichtszugangs.

326 Nach Prütting sind drei Möglichkeiten des Verhältnisses von Mediation neben einem gerichtlichen Verfahren denkbar: Erstens könnte ein Verfahren das andere exklusiv verdrängen. Zweitens könnte das außergerichtliche Verfahren rein freiwillig und völlig unberührt neben das gerichtliche treten. Drittens könnte das außergerichtliche Verfahren eine zwingende Vorbedingung des gerichtlichen Verfahrens sein. In: Breidenbach/Henssler, S. 61. Vgl. auch Grunsky, NJW 1978, S. 1832; Stadler, NJW 1998, S. 2479 (2484).

327 Prütting, in: Breidenbach/Henssler, S. 61/62; Schubert, AiB 2000, S. 524 (527).

328 So wird zum Beispiel auch die Verfassungsmäßigkeit im Hinblick auf die Rechtsweggarantie bei § 111 II ArbGG von manchen bezweifelt. Vgl.: Germelmann/Matthes/Prütting, § 111 ArbGG, Rn. 71.
a.A.: LAG Frankfurt, AuR 1978, S. 217, Urteil vom 24.06.77-8 Sa 921/76; Grunsky, § 111 ArbGG, Rn. 3.

329 Dies gilt ebenso für den von *Stevens-Bartol* hervorgebrachten Gedanken, es sei zu prüfen, inwieweit das Sozialstaatsprinzip des Grundgesetzes die Verwendung von Mediation im Arbeitsrecht einschränke (in: Breidenbach/Henssler, S. 145). Eine solche Einschränkung ist nicht zu erkennen. Dies hätte sonst zur Folge, jegliche Konfliktlösung durch Gespräch- zum Beispiel unter zufälliger Zuhilfenahme eines Dritten- auszuschließen, bzw. einzuschränken.

2) Freiwilligkeit

Bei der begrifflichen Definition von Mediation wurde festgestellt[330]: Mediation ist ein beidseitig freiwilliges Verfahren[331]. Im folgenden wird untersucht, inwieweit diese Freiwilligkeit einer gesetzlichen Verpflichtung im Wege steht. Das hängt davon ab, wie dieser Aspekt zu verstehen ist. Handelt es sich um Freiwilligkeit nur in Bezug auf ein gemeinsames Ergebnis, wäre eine Mediationspflicht unbedenklich. Gegenteiliges gilt, wenn Freiwilligkeit auch bezüglich der Einleitung und Gestaltung des Verfahrens vorzuliegen hat. Dies ist umstritten.

a) Relative Freiwilligkeit

Zum Teil wird vertreten, die Parteien müssen, „zumindest was die Einigung anbelangt", freiwillig handeln[332]. Im Umkehrschluß bedeutet das die Befürwortung einer Mediationspflicht in Bezug auf die eigentliche Verhandlung. Darüber hinaus wollen manche die Entscheidung einer möglichen Verpflichtung von der jeweiligen Streitsituation abhängig machen[333]. Die Pflicht zur Teilnahme an Mediation müsse in erster Linie davon abhängen, „wie glücklich sie die Parteien wirklich macht"[334]. Damit wird folglich auf die Wirksamkeit von Mediation als Konfliktlösungsmittel im Einzelfall abgestellt. Argumentiert wird auch damit: Wenn Mediation zwingend ist, bedeute sie für keinen der Beteiligten eine Eingestehung von „Schwäche", denn beide müßten an einer kommunikationsschonenden Verhandlung teilnehmen, anstatt den „härteren Weg" des gerichtlichen Verfahrens einschlagen zu können[335].

b) Absolute Freiwilligkeit

Im Gegensatz dazu sieht die überwiegende Meinung die Freiwilligkeit auch in Bezug auf Beginn der Vermittlung als unbedingt erforderlich an[336]. Die Selbstbe-

---

330 Vgl. § 1.

331 Duss-von-Werdt/Mähler/Mähler, S. 13; Gottwald, WM 1998, S. 1257 (1264/1265); Hehn, S. 8; Mähler/Mähler, AnwBl 1997, S. 535 (536); Schöbel, JuS 2000, S. 372 (374).

332 Duve, Beilage 10 zu BB 1998, S. 9 (11).

333 Eidenmüller, in: Breidenbach/Henssler, S. 54, 55.

334 Eidenmüller, in Henssler/Koch, § 2, Rn.93ff.

335 Eidenmüller, in: Henssler/Koch, § 2, Rn.96.

336 Breidenbach, S. 272; ders., AnwBl 1997, S. 135 (138); Duss-von-Werdt/Mähler/Mähler, S. 131; Eichele, allerdings bezogen auf obligatorische Schlichtung allgemein, ZRP 1997, S. 393 (394); ebenso Hoffmann-Riem, ZRP 1997, S. 190 (196); Schmidt v. Rhein, ZRP 1984, S. 119 (120); Stadler, NJW 1998, S. 2479 (2482); Wagner spricht in diesem Zusammenhang von „doppelter Freiwilligkeit", JZ 1998, S. 836 (842); kritisch auch Prütting, in: Breidenbach/Henssler, S. 66 und Strempel, in: Strempel, S. 11.
Die Freiwilligkeit wird vom BGH schon in Bezug auf Schiedsgerichtsbarkeit vertreten. Nach BGH, Urteil vom 3.04.2000-II ZR 373/98 (Quelle: Pressemitteilung BGH) ist es unzulässig, per Vereinssatzung bei Streitigkeiten Schiedsgerichtsbarkeit anzuordnen, wenn

stimmung äußere sich wesensmäßig in der Freiwilligkeit zur Aufnahme und Beendigung sowie zur Bestimmung des Inhalts der Verhandlung[337]. Gerade die völlige Freiwilligkeit der Beteiligten, das Verhandlungsstadium der Mediation jederzeit verlassen zu können, habe Vorteile[338]. Die Parteien könnten dann selbst entscheiden, ob und wie sie die Lösung ihres Konflikts fortzuführen gedenken. Eine Pflicht zur Mediation sei unbedingt abzulehnen[339], denn die freiwillige Teilnahme sei fundamental und ein diesbezüglicher Zwang ein „Zwang zur Harmonie"[340].

c) Stellungnahme

Die Antwort auf die Frage nach der Freiwilligkeit liegt im Begriffsverständnis von Mediation selbst, denn eine gesetzliche Pflicht zu Mediation schafft einen Widerspruch in sich. Durch ein gesetzlich obligatorisches Vermittlungsverfahren würden die Parteien zu einem Verfahren gezwungen, dessen Grundprinzip Freiwilligkeit ist[341]. Wenn Mediation jedoch als freiwilliges Verfahren definiert wird, muß diese Freiwilligkeit umfassend sein, also auch in Bezug auf den Beginn des Verfahrens. Dazu kommt ein psychologischer Aspekt im Hinblick auf die Verhandlungsbereitschaft der Parteien: Diese treten sich vermutlich kommunikationsbereiter gegenüber, wenn sie das Verfahren selbst gewählt haben[342]. Sind sie jedoch zu der Teilnahme an einer sachgerechten Verhandlung gezwungen, obwohl sie diese gar nicht wollen, ist ein Scheitern der Verhandlung wohl von vorn herein anzunehmen und damit ist die Initiierung von Mediation überflüssig. Eine Vorschrift, die streitenden Parteien eine Mediationspflicht auferlegt, ist somit nicht zu befürworten, denn damit stünde der Beginn des Verfahrens nicht mehr im Belieben der Beteiligten[343].

II) Richterliche Anordnung

In Betracht kommt des weiteren die Möglichkeit einer Mediationsverpflichtung durch richterliche Anordnung nach US-amerikanischem Vorbild. Dort kann der Richter nicht nur bei jeder zivilrechtlichen Streitigkeit Mediation anordnen, sondern beispielsweise auch im Strafverfahren[344]. Zum Teil wird für das deutsche Recht ähnliches vertreten: So sollte ein erster Termin vor Gericht stattfinden, bei

---

der Streitbetroffene gegen den satzungsändernden Mehrheitsbeschluß gestimmt hat.

337 Duss-von-Werdt/Mähler/Mähler, S. 131.

338 Stadler, NJW 1998, S. 2479 (2482).

339 Breidenbach, S. 272.

340 Breidenbach, S. 272; ebenso: Duss-von-Werdt/Mähler/Mähler, S. 132;

341 Breidenbach, S. 272ff.; Duss-von-Werdt/Mähler/Mähler, S. 131; Prütting, in: Breidenbach/Henssler, S. 62; v.Hoyningen-Huene, JuS 1997, S. 352 (352);

342 So auch Stadler, NJW 1998, S. 2479 (2482).

343 Vgl.: Eidenmüller, in Henssler/Koch, § 2, Rn.93.

344 Grilli, AnwBl 1997, S. 533; vgl. § 2.

dem die Streitenden über das Vermittlungsverfahren eingehend informiert werden[345]. Nach anderer Ansicht sollte Mediation in allen Fällen gerichtlich angeordnet werden können[346].

Im Ergebnis ist jedoch auch eine richterlich auferlegte Mediationspflicht abzulehnen. Gegen diese sprechen zum einen die gleichen Gründe wie gegen eine gesetzliche Verpflichtung. Auch hier wird die Autonomie der Parteien in Bezug auf den Beginn des Mediationsverfahrens umgangen[347]. Denkbar wäre lediglich eine Anregung der Beteiligten zur Mediation durch das Gericht[348]. Zweifelhaft ist außerdem, inwieweit sich eine solche Anordnung tatsächlich vorteilhaft auswirkt bzw. ob sie nicht Vorteile von Mediation ins Gegenteil verkehrt. Ein rechtspolitisches Hauptziel von Mediation ist die Justizentlastung[349]. Wenn aber ein Sachverhalt erst über den Richter zur Mediation ‚gelangt', wurde der Gerichtsweg bereits in Anspruch genommen. Das Gericht muß sich mit dem Fall beschäftigen, um zu entscheiden, ob Mediation für die Lösung geeignet ist. Eine Entlastung ist hier nicht ersichtlich. Dazu kommt der Gütetermin im Arbeitsgerichtsverfahren. Vor dem Gütetermin *noch* einen Termin einzuführen, bei dem die Parteien über Mediation aufgeklärt oder an einen Mediator verwiesen werden, ist eine Doppelbelastung der Gerichte. Stehen sich die Parteien erst einmal vor Gericht gegenüber, kann eine mediative Verhandlung außerdem als Rückschritt erscheinen, denn der Weg zum Gericht enthält stets eine Eskalation des Konflikts, die dann wieder rückgängig gemacht werden müßte[350]. Dabei ist eine Umwandlung von bereits in Klageanträgen formulierten Ansprüchen in Interessen nur schwer vorstellbar Die richterliche Anordnung von Mediation ist somit für das deutsche Recht nicht zu befürworten.

---

345 Nach Proksch soll ein erster Termin vor Gericht stattfinden, bei dem der Richter die Parteien über die Möglichkeiten der Vermittlung informiert, FamRZ 1989, S. 923. Röhl vertritt darüber hinaus eine Regelung, nach der der Richter den Beginn oder die Fortsetzung des streitigen Verfahrens von der vorherigen Inanspruchnahme eines Vermittlers abhängig machen kann, DRiZ 1983, S. 90 (96). Außerdem Duve, Anwalt 2/2001, S. 16 (18).

346 Grilli, AnwBl, S. 533 (535).

347 a.A. Duve, Anwalt 2/2001, S. 16 (18).

348 Zum Beispiel nach dem Vorbild des § 614 II ZPO, wonach das Gericht das Scheidungsverfahren von Amts wegen aussetzen soll, wenn nach seiner freien Überzeugung Aussicht auf Fortsetzung der Ehe besteht. Vgl. Haffke, in Duss-von-Werdt/Mähler/Mähler, S. 107.

349 Vg. § 5.

350 v.Hoyningen-Huene, NZA 1987, S. 577.
Nach Haffke sollten mediatives und justizielles Verfahren strikt voneinander getrennt werden, da beide Verfahren von unterschiedlichen Verfahrenslogiken beherrscht werden. In: Duss-von-Werdt/Mähler/Mähler, S. 107.

III) Vertragliche Verpflichtung

Als letztes ist die Möglichkeit einer Mediationspflicht durch Vertrag zu untersuchen. Im Rahmen der Vertragsfreiheit scheint eine derartige Regelung unproblematisch möglich. Im Verhältnis Arbeitgeber/Arbeitnehmer sind diesbezügliche Vertragsabsprachen durch Tarifvertrag, Betriebsvereinbarung oder den Arbeitsvertrag vorstellbar[351]. Im folgenden soll die Mediationspflicht durch Betriebsvereinbarung und Individualarbeitsvertrag untersucht werden.

1) Betriebsvereinbarung

Angenommen Arbeitgeber und Betriebsrat legen in einer Betriebsvereinbarung bei Streitigkeiten zwischen Arbeitgeber und Arbeitnehmer oder zwischen Arbeitnehmern untereinander eine Mediationspflicht fest, wenn nicht die betriebliche Beschwerdestelle gem. §§ 84, 85 BetrVG zuständig ist. Dies wäre dann der Fall für Konflikte, die nicht nach § 84 I BetrVG auf Benachteiligung, ungerechte Behandlung oder sonstige Beeinträchtigung zurückzuführen sind, sondern auf organisatorische Probleme, wie zum Beispiel die Koordination gemeinsamer Arbeitsabläufe.

Mit einer derartigen Betriebsvereinbarung läge zwar eine vertraglich festgelegte Verpflichtung vor, diese wird jedoch lediglich von der Arbeitgeberseite freiwillig gewählt. Für den Arbeitnehmer hat die Betriebsvereinbarung normative Wirkung, § 77 IV S. 1 BetrVG. Seine Freiwilligkeit in Bezug auf Mediation wird dabei umgangen. Zum Teil wird diese Tatsache für unerheblich gehalten: Wenn die Parteien in einer Betriebsvereinbarung materiellrechtlich den Inhalt des einzelnen Arbeitsverhältnisses festlegen können, ohne daß der konkret betroffene Arbeitnehmer zuzustimmen braucht, müsse ihnen das auch grundsätzlich für das Verfahrensrecht möglich sein[352]. Hierbei wird jedoch übersehen, daß die Wahl eines Mediationsverfahrens ein Ausdruck der Privatautonomie ist[353]. Wie oben festgestellt, ist Mediation ein Gestaltungsmittel, für welches sich die Beteiligten freiwillig zu entscheiden haben. Dies muß im Hinblick auf Betriebsvereinbarungen ebenso gelten wie für gesetzliche Verpflichtungen. Darüber hinaus zählt auch hier der Aspekt der Verhandlungsbereitschaft[354]. Obligatorische Mediation aufgrund

---

351 Vgl. Grunsky, NJW 1978, S.1832.

352 Grunsky, NJW 1978, S. 1832.

353 Diese kann ihrem Begriffsverständnis nach nur zwischen den Parteien gelten, die eine vertragliche Vereinbarung eingehen, denn Privatautonomie ist die Freiheit des einzelnen, seine Lebensverhältnisse eigenverantwortlich durch Vertrag zu gestalten. Soergel-Hefermehl, Vorbem. § 116 BGB, Rn.9; Palandt/Heinrichs, Überblick 1 vor § 104 BGB und Einführung V. § 145 BGB, Rn.7; MünchKomm/Säcker, Einleitung BGB, Rn.144: Rechtsgeschäft als Ausdruck der Privatautonomie.

354 Vgl. 1.

Betriebsvereinbarung ist deshalb abzulehnen. Gleiches gilt als Konsequenz für eine tarifliche Mediationspflicht zwischen den Arbeitsvertragsparteien[355].

2) Individualvertrag

Die Variante einer vertraglich verabredeten obligatorischen Schlichtung ist umstritten. Während die Rechtsprechung diese Möglichkeit ohne Bedenken anerkennt[356], wird sie von der Literatur zum Teil angezweifelt[357]. Letztere verkennt jedoch, daß es jeder Vertragspartei im Rahmen der Privatautonomie zugestanden

---

355 Zu Schiedsgerichtsbarkeitsvereinbarung durch Tarifvertrag vgl. Langer, in FS zum 100jährigen Bestehen des dt. Arbeitsgerichtsverbandes, S.466.

356 BGH ZZP 1986, S. 90ff. = NJW 1984, S. 669/670, Urteil vom 23.11.1983-VIII ZR 197/82; BGH FamRZ 1982, S. 782 (784), Urteil vom 19.05.82-IV b ZR 705/80; BGH NJW 1977, S. 2263, Urteil vom 4.07.77-II ZR 55/76 (KG); OLG Nürnberg, OLGZ 1975, S. 437ff; Urteil vom 31.07.75-2 U 25/75; OLG Celle, NJW 1971, S. 288/289, Urteil vom 31.07.70-2 U 30/70.
Im Einklang mit der Rechtssprechung: Eidenmüller zum Beispiel hält eine Vereinbarung der Tarifvertragsparteien, ihrerseits im Streitfall eine Mediation aufzusuchen, für uneingeschränkt möglich. Vgl. Eidenmüller, in: Breidenbach/Henssler, S. 53; ders., S. 8ff.; Grunsky, NJW 1978, S. 1832ff.; Kraft, VersR 2000, S. 935 (937). Kraft spricht Mediationsklauseln im Zusammenhang mit internationalen Wirtschaftsverträgen an.
Walter, ZZP 103, S: 142 (158ff.), allerdings bezogen auf Schlichtungsvereinbarungen. Wagner, JZ 1989, S. 836 (841).

357 Flume, in: FS für Bötticher, S. 132 (im Zusammenhang mit Vereinsrecht), Prütting, Anmerkung zu BGH ZZP 1986, S. 90 (vgl. oben), ZZP 1986, S. 93 (96).

werden muß, vertraglich die Inanspruchnahme einer vorgerichtlichen Instanz zu vereinbaren. Nach dem oben Gesagten kann eine Mediationspflicht nur im Individualarbeitsvertrag festgehalten werden. Hierbei bleibt Freiwilligkeit in Bezug auf Beginn, Gestaltung und Ende der Mediation gewährleistet. Es liegt keinerlei Fremdbestimmung vor[358]. Im Ergebnis erlangt dieser Meinungsstreit jedoch wohl selten praktische Bedeutung, denn eine Mediationspflicht im Arbeitsvertrag wird in den seltensten Fällen vorkommen.

IV) Ergebnis

Zusammenfassend ist festzuhalten: Eine Mediationsverpflichtung durch Gesetz, richterliche Anordnung, Betriebsvereinbarung oder Tarifvertrag ist abzulehnen, denn sie steht im Widerspruch zu der freiwilligen Aufnahme des Verfahrens durch die Parteien. Obligatorische Mediation kann nur dann stattfinden, wenn Arbeitgeber und Arbeitnehmer diese selbst im Arbeitsvertrag festgehalten haben.

---

[358] Dazu kommt, daß sich letztendlich jede Partei wieder aus der Mediationspflicht lösen kann (zum Beispiel durch Kündigung der vertraglichen Vereinbarung aus wichtigem Grund), da niemand zu der Durchführung einer Mediationsverhandlung gezwungen werden kann. Vgl. Eidenmüller, S. 9ff. Ein solcher Zwang würde die Mediation außerdem von vorne herein scheitern lassen.

§ 9 Zusammenfassung Mediation im Individualarbeitsrecht

Die vorangegangenen Ausführungen haben für das Individualarbeitsrecht folgendes ergeben:

1. Der Bedarf an Mediation wird nicht durch die bereits bestehenden Streitlösungsmöglichkeiten gedeckt. Insbesondere der Gütetermin unterscheidet sich gravierend von der außergerichtlichen Vermittlung, so daß hier grundsätzlich Raum für Mediation besteht. Des weiteren kann für individualarbeitsrechtliche Streitigkeiten keine allgemeine Aussage dahingehend getroffen werden, ob Mediation oder der gerichtliche Weg effektiver zur Streitlösung beitragen.

2. Nur wenige individualarbeitsrechtliche Konflikte eignen sich tatsächlich für Mediation. Zu ihnen gehören Streitigkeiten ‚rund um das Arbeitsverhältnis' sowie Konflikte zwischen Arbeitnehmern und im Vorfeld von Kündigungen.

3. Die tatsächliche Anwendung von Mediation ist weitgehend vom Arbeitgeber abhängig. Eine gesetzliche oder richterliche Verpflichtung von Mediation ist jedoch nicht zu befürworten. Die einzige Möglichkeit der Parteien, sich zu Mediation zu verpflichten, ist eine individualvertragliche Mediationspflicht.

Teil III: Mediation im Betriebsverfassungsrecht

Im folgenden wird untersucht, ob im Betriebsverfassungsrecht ein Anwendungsbedarf für Mediation besteht[359]. Wie im vorangegangenen Abschnitt wird erörtert, ob die gesetzlichen Konfliktlösungsverfahren den Bedarf an zusätzlichen Instrumenten der Streitlösung decken. Besondere Beachtung findet dabei das Einigungsstellenverfahren nach § 76 BetrVG. Des weiteren werden betriebsverfassungsrechtliche Konfliktsituationen betrachtet: Kann Mediation bei Konflikten im Bereich erzwingbarer Mitbestimmung bei sozialen Angelegenheiten, freiwilliger Mitbestimmung oder im Rahmen der Mitbestimmung bei wirtschaftlichen Angelegenheiten effektiv sein? Dies hängt zum einen vom sog. Betriebsverhältnis, also der Beziehung zwischen Arbeitgeber und Betriebsrat ab, deren Basis der Grundsatz der vertrauensvollen Zusammenarbeit nach § 2 I BetrVG ist. Zum anderen ist wiederum der jeweilige Einzelfall maßgebend. Deshalb werden Beispielskonflikte in den oben genannten Bereichen auf ihre ‚Mediationstauglichkeit' überprüft. Bevor jedoch Konfliktlösungsmechanismen und Konflikte untersucht werden können, ist zu klären, ob Mediation neben den betriebsverfassungsgesetzlichen Lösungsalternativen zulässig ist oder ob das BetrVG im Hinblick auf Konfliktlösung zwischen Arbeitgeber und Betriebsrat abschließend ist.

§ 10 Zulässigkeit von Mediation im Geltungsbereich des BetrVG

Das BetrVG setzt den Schwerpunkt für die Lösung von Konflikten zwischen Arbeitgeber und Betriebsrat auf das innerbetriebliche Einigungsstellenverfahren, § 76 BetrVG. Das wirft die Frage auf, ob daneben noch andere, gesetzlich nicht geregelte außergerichtliche Streitlösungsverfahren für Konflikte zwischen Arbeitgeber und Betriebsrat möglich sind. Genauer gefragt: Ist Mediation zur Lösung von betriebsverfassungsrechtlichen Streitigkeiten, bei denen das Einigungsstellenverfahren das gesetzlich vorgesehene Verfahren ist, zulässig?

---

[359] Der Betrieb ist in der gesamten Darstellung als organisatorische Einheit zur fortgesetzten Verfolgung eines oder mehrerer arbeitstechnischer Zwecke anzusehen. Vgl. ErfK/Eisemann, § 4 BetrVG, Rn.2; v.Hoyningen-Huene, § 3 II; Zöllner/Loritz, § 45 I 3. Sämtliche Ausführungen im Zusammenhang mit dem BetrVG betreffen lediglich die betriebliche Ebene, also Betriebsrat und Arbeitgeber. Streitigkeiten mit Beteiligung von Gesamtbetriebsrat und Konzernbetriebsrat sind nicht berücksichtigt.
Grundsätzlich zur Mediation im Betriebsverfassungsrecht: Budde, in Henssler/Koch, § 15; Eyer, AuA 2000, S. 308ff.; Fischer, DB 2000, S. 217ff.; Redmann, FA 2000, S. 76ff. Mißverständlich ist dabei der Begriff der Wirtschaftsmediation. Während er zum Beispiel von Eyer nur in Bezug auf Mediation zwischen Betriebsrat und Arbeitgeber verwendet wird, bringt Gottwald Wirtschaftsmediation in Bezug mit Vermittlung zwischen Unternehmen zur Verbesserung und Erhaltung der Geschäftsbeziehungen, vgl. Gottwald, WM 1989, S. 1257ff.

Anlaß für diese Überlegung ist ein Beschluß des LAG Hamburg[360]. Dabei handelt es sich um folgenden Sachverhalt: Der Betriebsrat hatte einen Entwurf für eine Betriebsvereinbarung entwickelt, bei der es um die Einsetzung innerbetrieblicher Konfliktbeauftragter zur Verhinderung von Mobbing ging. Diese trug den Namen: „Sozialer Umgang der Arbeitnehmer untereinander". Der Arbeitgeber hielt den Betriebsrat in dieser Angelegenheit für nicht initiativberechtigt. Das LAG Hamburg entsprach dieser Ansicht und verneinte ein Recht des Betriebsrates zur Initiative einer derartigen Betriebsvereinbarung aufgrund des Gesetzesvorbehalts des § 87 I S. 1 BetrVG, denn danach hat der Betriebsrat in Angelegenheiten des § 87 I Nr. 1-12 BetrVG nur mitzubestimmen, soweit keine gesetzliche oder tarifliche Regelung besteht. Da für die innerbetriebliche Konfliktlösung im Hinblick auf Benachteiligungen von Arbeitnehmern durch Kollegen jedoch gesetzliche Regelungen durch §§ 82ff. BetrVG bestehen, habe der Betriebsrat im Umkehrschluß kein Mitbestimmungsrecht: *„[...] Das Procedere der angestrebten Konfliktlösung hat in den §§ 83 ff BetrVG, insbesondere in den §§ 84, 85 BetrVG seine Lösung gefunden. Dem Betriebsrat ist es nicht gestattet, diese ihm gesetzlich zugedachten Aufgaben auf andere Institutionen zu übertragen. Auch ist es nicht gestattet, die Lösung der Konfliktprobleme einem anderen Procedere zu unterstellen, als es die Vorschriften der §§ 82 ff BetrVG vorsehen."*

Dieser Beschluß schließt weitere betriebliche Streitlösungsverfahren neben den §§ 82ff. BetrVG aus. Eine Delegation der Lösung von Streitigkeiten im Rahmen der §§ 84, 85 BetrVG auf andere Institutionen, zum Beispiel auf innerbetriebliche Konfliktbeauftragte, ist danach nicht möglich. Zwar geht es bei der zitierten Entscheidung um ein Beteiligungsrecht und die Zuständigkeit des Betriebsrates nach §§ 84, 85 BetrVG und nicht um die Organisation der betrieblichen Konfliktlösung zwischen Arbeitgeber und Betriebsrat[361]. Aber abgesehen von der Frage, ob der Gesetzesvorbehalt des § 87 I S. 1 BetrVG tatsächlich in diesem Sinne verstanden werden muß[362], ist zu überlegen, welche Auswirkungen der Grundgedanke der Entscheidung (abschließende Konfliktlösung durch das BetrVG im Bereich der

---

360 Beschluß vom 15.7.1998-5 TaBV 4/98 (8 BV 18/97).

361 Zur Unterscheidung zwischen Beteiligungsnorm und Organisationsnorm GK-Wiese, Einleitung BetrVG, Rn.70.

362 Dies ist nicht der Fall, denn der Gesetzesvorbehalt des § 87 I BetrVG bedeutet lediglich einen Ausschluß *zwingender* Mitbestimmung, soweit eine gesetzliche oder tarifliche Regelung nicht besteht. Freiwillige zusätzliche Regelungen zum Schutz der Arbeitnehmer sind zweifellos zulässig. Ebenso kann trotz gesetzlicher Regelung ein Gestaltungsspielraum für Arbeitgeber und Betriebrat offen bleiben. Vgl.: Boewer, DB 1973, S. 522 (525); Conze, DB 1978, S. 490 (492); Ehmann/Schmidt, NZA 1995, S. 193 (198); ErfK/Hanau/Kania, § 87 BetrVG, Rn.13; Fitting, § 87 BetrVG, Rn.32; GK-Wiese, § 87 BetrVG, Rn.54/55/65; MünchArbR/Matthes, § 332, Rn.21-23; Richardi spricht bei § 87 I BetrVG lediglich von einer Schranke, die das Mitbestimmungsrecht auch nur partiell verdrängen kann, § 87 BetrVG, Rn.144. *a.A.: DKK-Klebe, § 87 BetrVG, Rn.30.*

§§ 82ff. BetrVG) auf Konfliktbewältigung im Verhältnis Arbeitgeber/Betriebsrat hat. Denn auch hier bestehen gem. §§ 74, 76 BetrVG (ferner § 112 II BetrVG) betriebsverfassungsgesetzliche Regelungen zur Streitbeendigung. Obwohl diese keinen dem § 87 I S. 1 BetrVG ähnlichen Gesetzesvorbehalt enthalten, ist zu prüfen, ob das BetrVG die Konfliktlösung zwischen Arbeitgeber und Betriebsrat abschließend regelt.

I) Gesetzliche Lage

Ausgehend vom Wortlaut des Gesetzes scheint der Ausschluß weiterer nicht gesetzlicher Konfliktlösungsmittel gerechtfertigt. Denn: Die Streitlösung zwischen Arbeitgeber und Betriebsrat folgt einem im BetrVG festgehaltenen mehrstufigen System, welches lediglich durch das Gesetz selbst in den Regelungen der §§ § 86 S. 2 BetrVG i.V.m. § 85 II BetrVG, 76 VIII (ferner § 112 II[363]) durchbrochen wird.

1) System betriebsverfassungsgesetzlicher Streitlösung

Das BetrVG regelt die Streitbeendigung zwischen Arbeitgeber und Betriebsrat durch eine mehrstufige Vorgehensweise. Im Bereich von Streitigkeiten über mitbestimmungspflichtige Tatbestände beispielsweise sind die Schritte für die Streitlösung folgende: Zunächst haben Arbeitgeber und Betriebsrat zu versuchen, den Konflikt innerhalb einer monatlichen Besprechung einvernehmlich beizulegen, § 74 I BetrVG[364]. Die erste Stufe der Streitlösung findet also durch die Parteien selbst, ohne Beteiligung von dritten Personen, statt. Gelingt dies nicht, ist die nächste Stufe das Einigungsstellenverfahren. Die Einigungsstelle wird gem. § 76 BetrVG auf Antrag einer Partei tätig; ihr Spruch ersetzt die Einigung. Akzeptiert eine Partei den Spruch nicht, kann sie ihn gerichtlich auf Ermessensfehler überprüfen lassen, § 76 V S. 4 BetrVG (dritte Stufe). Das System der betriebsverfassungsgesetzlichen Konfliktlösung ist demzufolge Schritt für Schritt strukturiert. Zusätzliche Konfliktlösungsmittel scheinen überflüssig.

2) § 86 S. 2 i.V.m. § 85 II BetrVG; § 76 VIII BetrVG

Das System der aufgezeigten Streitlösung wird durch die Regelungen der § 82 S. 2 i.V.m. § 85 II BetrVG, § 76 VIII BetrVG durchbrochen:

---

363 Dazu später, III.

364 Das Verfahren nach § 74 I BetrVG geht dem Einigungsstellenverfahren vor. DKK-Berg, § 74 BetrVG, Rn.11; Fitting, § 76ff., Rn.1. Vgl. dazu auch Richardi, § 74 BetrVG, Rn.13.

a) § 86 S. 2 i.V.m. § 85 II BetrVG

Streiten sich Arbeitgeber und Betriebsrat im Rahmen einer Arbeitnehmerbeschwerde gem. §§ 84, 85 BetrVG[365] über die Berechtigung der Beschwerde, ist regelmäßig die Einigungsstelle zuständig, § 85 II S. 1 BetrVG. Gem. § 86 S. 2 BetrVG kann jedoch durch Tarifvertrag oder Betriebsvereinbarung bestimmt werden, daß in Fällen des § 85 II BetrVG an die Stelle der Einigungsstelle eine betriebliche Beschwerdestelle tritt. Die Einigungsstelle ist also ausnahmsweise nicht zuständig, wenn dies durch Tarifvertrag oder Betriebsvereinbarung festgelegt wurde[366]. Hier findet die Struktur der innerbetrieblichen Streitlösung eine Ausnahme.

b) § 76 VIII BetrVG

Auch § 76 VIII stellt eine gesetzliche Ausnahme zur betriebsverfassungsgesetzlichen Streitbewältigung dar. Danach kann durch Tarifvertrag bestimmt werden, daß an die Stelle der in § 76 I BetrVG bezeichneten Einigungsstelle eine tarifliche Schlichtungsstelle tritt, womit die Einigungsstelle unzuständig wird[367].

c) Ergebnis

Da das Gesetz in den Fällen der §§ 86 S. 2, 76 VIII BetrVG die Möglichkeit der Konfliktlösung durch betriebliche oder tarifliche Schlichtungsstellen explizit eröffnet, könnte im Umkehrschluß ein Verfahren außerhalb dieser gesetzlichen Möglichkeiten unzulässig sein[368].

II) Stand der Literatur

Die Literatur hat sich noch nicht eingehend mit der Problematik außergerichtlicher Konfliktlösung neben dem BetrVG beschäftigt[369]. Es haben sich aber einige

---

365 Vgl. § 7.

366 Wurde die Zuständigkeit einer innerbetrieblichen Beschwerdestelle vereinbart, ist die Anrufung der Einigungsstelle ausgeschlossen. GK-Wiese, § 86 BetrVG, Rn.7; Richardi, § 86 BetrVG, Rn.9. *a.A.: DKK-Buschmann, § 86 BetrVG, Rn.4; Fitting, § 86 BetrVG, Rn.3, sie sehen in der Errichtung einer innerbetrieblichen Beschwerdestelle lediglich einen zusätzlichen Weg zur Streitlösung.*

367 Auch im Fall der Errichtung einer tariflichen Schlichtungsstelle ist die Zuständigkeit der Einigungsstelle unmittelbar und zwingend ausgeschlossen. Fitting, § 76 BetrVG, Rn.83ff.; DKK-Däubler, Einleitung BetrVG, Rn.61; GK-Kreutz, § 76, Rn.145; Richardi, § 76 BetrVG, Rn.143.

368 Über die Zulässigkeit von abweichenden organisatorischen Regelungen durch Tarifvertrag im Sinne des § 3 BetrVG vgl. GK-Wiese, Einleitung BetrVG, Rn.70.

369 Hierbei ist nicht eindeutig, wie die Aussage von Prütting zu verstehen ist, die Einigungsstelle sei als alleinige, alle anderen Schlichtungsformen ausschließende Einrichtung innerbetrieblicher Art vom Gesetz vorgesehen. In: FS f. Hanau, S. 747.

Fallgruppen herausgebildet, in denen das BetrVG in jedem Fall abschließend sein soll[370]. Dies gilt beispielsweise für die Funktion, aber auch die Organisation der Betriebsvertretung[371]. Außerdem soll keine Einschränkung der Beteiligungsrechte des Betriebsrates möglich sein[372]. Manche stellen fest, das BetrVG sei im Prinzip abschließend[373]. Dennoch seien Ausnahmen, zum Beispiel im Sinne einer inhaltlichen Präzisierung des Gesetzes durch andere Vorschriften und die Rechtsprechung des BAG nicht zu übersehen. Eine Lösung hinsichtlich der Zulässigkeit weiter Streitlösungsalternativen ist der Literatur jedoch nicht zu entnehmen.

III) Stellungnahme

Der Wortlaut des BetrVG, insbesondere des § 86 S. 2 i.V.m. § 85 II, § 76 VIII BetrVG, spricht für eine abschließende Regelung der innerbetrieblichen Konfliktlösung. Denn wenn die Möglichkeit der Errichtung einer betrieblichen Beschwerdestelle außerhalb der Einigungsstelle bzw. die Errichtung einer tariflichen Schlichtungsstelle anstelle der Einigungsstelle explizit normiert wird, läßt sich auf die Unzulässigkeit weiterer nicht gesetzlich geregelter Streitbeilegungsalternativen schließen. Im Rahmen einer Gesetzesauslegung ist jedoch nicht nur auf den Wortlaut des Gesetzestextes abzustellen; vielmehr ist auch der Sinn und Zweck der Regelung zu berücksichtigen, um eventuell unsachgerechte, vom Gesetzgeber nicht beabsichtigte Ergebnisse zu korrigieren[374]. Anhand von Sinn und Zweck ist deshalb festzustellen, ob der Bedeutungszusammenhang der Vorschriften über Konfliktregelung im BetrVG weitere Streitlösungsalternativem zuläßt.

---

370 Vgl. Fitting, § 1 BetrVG, Rn.213; Richardi, § 1 BetrVG, Rn.134.

371 Fitting, § 1 BetrVG, Rn.213; GK-Wiese, Einleitung BetrVG, Rn.70; Richardi, Einleitung BetrVG, Rn.135; v.Hoyningen-Huene, § 2 IV.

372 DKK-Däubler, Einleitung BetrVG, Rn.75; Fitting, § 1 BetrVG, Rn.217; GK-Wiese, Einleitung BetrVG, Rn.70; Richardi, Einleitung BetrVG, Rn.135. Strittig ist dies bezüglich der Erweiterung der Beteiligungsrechte, vgl. v.Hoyningen-Huene, § 2 IV.

373 DKK-Däubler, Einleitung BetrVG, Rn.61. Er weist beispielsweise auf § 14 III AÜG hingewiesen, wonach vor Übernahme eines Leiharbeitnehmers der Betriebsrat des Entleiherbetriebes nach § 99 BetrVG zu beteiligen ist.

374 Larenz/Wolf, § 4, Rn.28ff: Soweit Wortsinn und Bedeutungszusammenhang der Norm verschiedene Möglichkeiten offen lassen, komme es entscheidend auf die erkennbaren Zwecke der Regelung und damit auf die Absicht des historischen Gesetzgebers an (Rn. 45); Zippelius, § 8. Zum BetrVG DKK-Däubler, Einleitung BetrVG, Rn.65; Fitting, § 1 BetrVG, Rn.230; Hanau, in: FS f. Zeuner,
S. 53ff.; Schlachter, S. 19.

1) Arbeitnehmerschutz

Primärer Zweck des BetrVG ist der Schutz des einzelnen Arbeitnehmers[375], denn er erhält durch das Gesetz unmittelbare sein Arbeitsverhältnis betreffende Beteiligungsrechte, die seine Interessenlage im Betrieb wahren sollen[376]. Streiten sich Betriebsrat und Arbeitgeber über Fragen der Mitbestimmung und wenden sie dabei zur Lösung Mediation anstelle des Einigungsstellenverfahrens an, hat dies zwar zunächst keine direkten Auswirkungen auf den Arbeitnehmer bzw. Arbeitnehmerschutz. Eine durch Mediation gefundene ‚interessengerechte Lösung' kann sich jedoch mittelbar auf die Belegschaft auswirken, denn wenn Arbeitgeber und Betriebsrat eine gemeinsame Lösung finden und beide weitgehend zufriedengestellt sind, hat dies im Ergebnis positive Auswirkungen für den einzelnen Arbeitnehmer. Die Frage nach der Zulässigkeit von Mediation neben dem BetrVG findet somit durch den Zweck ‚Arbeitnehmerschutz' zwar keine unmittelbare Antwort, grundsätzlich spricht aber das Verhältnis von Arbeitgeber und Betriebsrat, welches stets mittelbare Auswirkungen auf die Belegschaft hat, für Meditation neben der Konfliktlösung durch das BetrVG. Außerhalb des Arbeitnehmerschutzes verfolgt das BetrVG jedoch noch weitere Leitlinien[377], zu denen u.a. auch der Dialogvorrang bei der Konfliktlösung gehört.

2) Dialogvorrang

Das Verhältnis zwischen Arbeitgeber und Betriebsrat[378] (sog. Betriebsverhältnis[379]) steht unter dem Gebot der vertrauensvollen Zusammenarbeit und der innerbetrieblichen Friedenspflicht, § 2 BetrVG. Dieser Grundsatz bildet die Basis für das Betriebsverhältnis[380]. Als Ausformungen dessen sind auch die Konfliktlö-

---

375 DKK-Klebe, Einleitung BetrVG, Rn.65ff; Fitting, § 1 BetrVG, Rn.1; GK-Wiese, Einleitung BetrVG, Rn.49 und § 81 BetrVG, Rn.3 (Achtung des Arbeitnehmers als Persönlichkeit, seiner Würde und Persönlichkeitsentfaltung im Arbeitsverhältnis. Die betriebliche Interessenvertretung ist ein Mittel zur Erreichung dieses Zweckes.); v.Hoyningen-Huene, in: FS f. Stahlhacke, S. 174.

376 Fitting, § 81 BetrVG, Rn.1; Richardi, Einleitung, Rn.1. Die tatsächliche Unmittelbarkeit ist jedoch wegen der Institution des Betriebsrates eher zweifelhaft.

377 Ausführlich Däubler, AuR 1982, S. 6ff.; Außerdem DKK-Klebe, Einleitung, Rn.65ff.

378 Dazu ausführlicher unten, § 12.

379 BAG AP Nr. 23 zu § 23 BetrVG 1972, Beschluß vom 3.5.1994-1 ABR 24/93; BAG AP Nr. 68 zu § 87 BetrVG 1972 (Arbeitszeit), Beschluß vom 23.07.96-1 ABR 13/93; v.Hoyningen-Huene, § 4 III; ders., NZA 1989, S. 121 (122); ders., in: FS für Wiese, S. 1175ff.

380 Das Gebot der vertauensvollen Zusammenarbeit wird oftmals als 'Generalklausel' des BetrVG angesehen. Vgl. DKK-Klebe, § 2 BetrVG, Rn.4; ErfK/Eisemann, § 2 BetrVG, Rn.1; MünchArbR/Joost, § 312, Rn.2; Richardi bezeichnet diesen Grundsatz als Magna Charta der Betriebsverfassung, § 76 BetrVG, Rn.4. Vgl. außerdem Eyer, AuA 2000, S. 308ff.
Zur vertrauensvollen Zusammenarbeit und der Frage, ob § 2 BetrVG nicht eine bloße Leerformel ist: Zitscher, DB 1984, S. 1395ff.

sungsmechanismen der §§ 74 I, 76 BetrVG und somit das System der betriebsverfassungsgesetzlichen Konfliktlösung einzuordnen[381]: Bevor es zu einer gerichtlichen Auseinandersetzung kommt, sollen die Parteien versuchen, zunächst eine innerbetriebliche Lösung zu erzielen. Im Streit zwischen Arbeitgeber und Betriebsrat hat folglich die Konfliktlösung durch Dialog Vorrang[382]. Darauf weist zum Beispiel auch § 80 III BetrVG hin, wonach außenstehende Sachverständige erst hinzuzuziehen sind, wenn die innerbetriebliche Information ausgeschöpft wurde[383]. Außerbetriebliche Stellen sind bei Streitigkeiten zwischen Arbeitgeber und Betriebsrat folglich lediglich als ultima ratio heranzuziehen[384]. Die wörtliche Auslegung des BetrVG erfährt somit durch den Blick auf die Leitprinzipien des Gesetzes eine Korrektur. Der Zweck der betriebsverfassungsgesetzlichen Konfliktlösung ist demnach vor allem darin zu sehen, das Verhältnis zwischen Betriebsrat und Arbeitgeber zu schonen, indem sie bei Konflikten zunächst zu einem innerbetrieblichen Lösungsversuch verpflichtet sind[385]. Daraus ergibt sich folgende Schlußfolgerung: Wenn Dialog und Verhandlung Vorrang haben, kann Mediation bei betriebsverfassungsrechtlichen Streitigkeiten nicht unzulässig sein. Mediation ist ebenfalls ein Konfliktlösungsverfahren durch Dialog und paßt als solches zu den betriebsverfassungsrechtlichen Grundstrukturen. Sie als unzulässig zu erachten, wäre ein Widerspruch zu den benannten Prinzipien. Vermittlung in Streitfällen zwischen Arbeitgeber und Betriebsrat ist deshalb ein milderes Mittel im Rahmen des ultima ratio Grundsatzes und kann grundsätzlich neben dem oder anstelle des Einigungsstellenverfahrens angewendet werden.

---

381 Fitting, § 74 BetrVG, Rn.11; GK-Kraft, § 2 BetrVG, Rn.8; Richardi, Vorbemerkung zu § 74 BetrVG.

382 DKK-Klebe, Einleitung BetrVG, Rn.69, wo der Dialog im Streit als Leitprinzip des BetrVG bezeichnet wird; Däubler, AuR 1982, S. 6 (8); v.Hoyningen-Huene in: FS f. Stahlhacke, S. 173 (179); ders., NZA 1987, S. 577 (580).

383 BAG AP Nr. 30 zu § 80 BetrVG, Beschluß vom 4.06.87-6 ABR 63/85. GK-Kraft, § 80 BetrVG, Rn. 103; Fitting, § 80 BetrVG, Rn.78. *a.A. DKK-Buschmann, § 80 BetrVG, Rn. 70.*
Nach BAG darf sich der Betriebsrat nicht an die Öffentlichkeit - etwa durch Benachrichtigung von Journalisten - wenden, BAG NZA 1992, S. 315, Beschluß vom 18.09.91-7 ABR 63/90.

384 Dies gilt vor allem für gerichtliche Verfahren. Vgl. LAG Schleswig-Holstein, in LAGE, Beschluß vom 15.09.88-4 TaBV 22/88.

385 DKK-Däubler nennt insgesamt drei Zwecke/Leitlinien des BetrVG: Arbeitnehmerschutz, Unabhängigkeit des Betriebsrates vom Arbeitgeber und das Dialogprinzip. Einleitung, BetrVG Rn. 65ff.

IV) Ergebnis

Mediation neben dem BetrVG ist nach Abwägung von Gesetzeswortlaut und Bedeutungszusammenhang nicht unzulässig, denn sie steht im Einklang mit dem Sinn und Zeck des Gesetzes[386].

§ 11 Konfliktlösung im Betriebsverfassungsrecht

Aufgrund der, bereits kurz erwähnten, gesetzlichen Konfliktlösungsmöglichkeiten nach §§ 74 I, 76 BetrVG ist zu überlegen, ob der Bedarf an zusätzlicher Streitlösung durch Mediation im Betriebsverfassungsrecht gedeckt ist.

I) § 74 I BetrVG

1) Verfahren

Gem. § 74 I 2 BetrVG haben Arbeitgeber und Betriebsrat über strittige Fragen mit dem ernsten Willen zur Einigung zu verhandeln und Vorschläge für die Beilegung von Meinungsverschiedenheiten zu machen[387]. § 74 I BetrVG stellt ebenso wie § 75 BetrVG allgemeine Grundsätze für die Zusammenarbeit von Betriebsrat und Arbeitgeber auf[388]. Die Pflicht zu monatlichen Besprechungen unterstützt den Dialogvorrang; sie ist einerseits ein freiwilliges, der Einigungsstelle vorgeschaltetes Verfahren zur Beilegung von strittigen Fragen durch die Streitparteien selbst, andererseits ein Verfahren zur Klärung von Punkten, die nicht vor die Einigungsstelle gelangen[389]. Sie dient darüber hinaus der Information des Betriebsrates durch den Arbeitgeber[390]. Die Parteien sind gesetzlich verpflichtet, mit ernsthaftem Willen zur Einigung zu verhandeln, d.h. es besteht eine grundlegende Einlassungs- und Erörterungspflicht[391]. Dies gilt nicht nur für Streitigkeiten im Bereich der erzwingbaren Mitbestimmung, sondern auch dann, wenn es sich um einen Konflikt im Rahmen freiwilliger Mitbestimmung handelt[392].

---

386 Im Ergebnis auch Budde, in: Henssler/Koch, § 15. Vgl. auch Bieler/Hage/Heilmann, die die Zulässigkeit weiterer innerbetrieblicher Streitlösung von der Stellung des Betriebsrates im Sozialgefüge des Betriebs abhängig machen. AiB 1998, S. 677ff.

387 Dazu ausführlich Brill, BlStSozArbR 1985, S. 85ff.

388 Brill, BlStSozArbR 1985, S. 85; ErfK/Hanau/Kania, Einleitung vor § 74 BetrVG, Fitting, § 74 BetrVG, Rn.1; GK-Kreutz, § 74 BetrVG, Rn.2; Richardi, Vorbem. § 74 BetrVG.

389 Das Verfahren ist aufgrund der Ausgestaltung des § 74 BetrVG als 'Sollvorschrift' eigentlich freiwillig. Eine wiederholte Weigerung zur Teilnahme am Verfahren kann jedoch nach h.M. eine grobe Pflichtverletzung im Sinne des § 23 I und III BetrVG darstellen. DKK-Berg, § 74 BetrVG, Rn.3; GK-Kreutz, § 74 BetrVG, Rn.11; Fitting, § 74 BetrVG, Rn.4; Richardi, § 74 BetrVG, Rn.7. *a.A. : Hess/Schlochauer/Glaubitz, Rn.8.*

390 Richardi, § 74 BetrVG, Rn.1.

391 DKK-Berg, § 74 BetrVG, Rn.10; ErfK/Hanau/Kania, § 74 BetrVG, Rn.8; Fitting, § 74 BetrVG, Rn. 9; GK-Kreutz, § 74 BetrVG, Rn.35ff.; Richardi, § 74 BetrVG, Rn.11.

392 BAG AP Nr. 24 zu § 87 BetrVG 1972 (Arbeitszeit), Beschluß vom 13.10.87-1 ABR 10/86.

2) Mediationsbedarf

§ 74 I BetrVG deckt den Bedarf an Mediation nicht, denn bei diesem Verfahren sind lediglich die Parteien selbst beteiligt. Mediation stellt demgegenüber aufgrund der Beteiligung einer dritten Person eine ,übergeordnete Stufe' der Streitbeilegung dar. Eine Einigung von Parteien, die zunächst in einer Verhandlung nach § 74 I BetrVG nicht übereinstimmen, und schließlich durch Mediation eine gemeinsame Lösung finden ist grundsätzlich vorstellbar. Der Raum für Mediation kann deshalb an dieser Stelle nicht ausgeschlossen werden.

II) Das Einigungsstellenverfahren, § 76 BetrVG

1) Verfahren

Gem. § 76 I 1 BetrVG ist zur Beilegung von Meinungsverschiedenheiten zwischen Arbeitgeber und Betriebsrat bei Bedarf oder ad hoc eine Einigungsstelle zu bilden[393]. Sie ist eine privatrechtliche innerbetriebliche Schlichtungsstelle[394] für betriebsverfassungsrechtliche Konflikte, und damit eine gesetzlich konkretisierte Gestaltungsmöglichkeit für die Parteien im Streitfall[395]. Sie wird durch paritätisch bestellte Beisitzer und einen unparteiischen Vorsitzenden besetzt, § 76 II S. 1, auf den sich beide Seiten einigen müssen. Finden die Beisitzer keine Mehrheitsentscheidung, hat der Vorsitzende das entscheidende Stimmrecht. Gelingt eine der Parteien auf die Person des Vorsitzenden nicht, ist er vom Arbeitsgericht zu bestellen, § 76 II S. 2 BetrVG[396].

Wie ein Konflikt zwischen Arbeitgeber und Betriebsrat vor die Einigungsstelle gelangt, hängt von der Art der Streitigkeit ab[397]. Bei Streitigkeiten über Tatbe-

---

393 Ausführlich: Hennige, Das Verfahrensrecht der Einigungsstelle; Neft/Ocker, Die Einigungsstelle im Betriebsverfassungsrecht; Pünnel/Isenhardt, Die Einigungsstelle des BetrVG 1972.

394 BAGE 32, S. 350 (357), Beschluß vom 22.01.80-1 ABR 48/77; DKK-Berg, § 76 BetrVG, Rn.2; ErfK/Hanau/Kania, § 76 BetrVG, Rn.1; Fitting, § 76 BetrVG, Rn.3; GK-Kreutz, § 76 BetrVG, Rn.65; *a.A. Richardi, § 76 BetrVG, Rn.6, der die Einigungsstelle als betriebsfremdes privatrechtliches Organ betrachtet.* Zöllner/Loritz, (§ 44 III) bezeichnet die Einigungsstelle als autonomes, privatrechtliches Vertragshilfeorgan. MünchArbR/Joost, § 320, Rn.3 stellt klar, daß die Innerbetrieblichkeit nur in Bezug auf die Funktionalität der Einigungsstelle gegeben ist, da der Einigungsstellenvorsitzende grundsätzlich betriebsfremd sein muß.

395 ErfK/Hanau/Kania, Einleitung vor § 74 BetrVG BetrVG, Rn.1; Richardi, Vorbem. § 74 BetrVG.

396 Dazu Neft/Ocker, Rn.42ff.

397 Dies gilt auch für die Verbindlichkeit des Einigungsstellenergebnisses: Im Bereich der erzwingbaren Mitbestimmung ersetzt der Spruch die erforderliche Einigung, § 76 IV BetrVG. Beim freiwilligen Einigungsstellenverfahren kommt dem Spruch nur rechtliche verbindliche Wirkung zu, wenn sich die Parteien diesem im voraus unterworfen haben oder ihn nachträglich annehmen, § 76 IV BetrVG. Bei beiden Verfahren ist die Entscheidung der

stände im Bereich erzwingbarer Mitbestimmung können Arbeitgeber und Betriebsrat die Einigungsstelle einseitig anrufen, wenn sie bei einem zu regelnden Punkt keine Einigung erzielen, § 76 V BetrVG. Liegt ein Konflikt über einen nicht erzwingbaren Tatbestand vor (freiwillige Betriebsvereinbarungen), wird die Einigungsstelle nur auf beiderseitigen Antrag tätig, § 76 VI BetrVG. Der Verfahrensablauf vor der Einigungsstelle ist im Gesetz nicht abschließend geregelt und somit durch Tarifvertrag, Betriebsvereinbarung oder die Einigungsstelle selbst zu ergänzen[398]. Dabei haben sich die Verfahrensbeteiligten an den üblichen rechtsstaatlichen Verfahrensgrundsätzen, wie zum Beispiel an der Gewährung rechtlichen Gehörs, zu orientieren[399].

2) Mediationsbedarf

Ob Mediation für die Parteien anstelle eines Einigungsstellenverfahrens vorteilhaft sein kann, ist hier - im Gegensatz zu § 74 I BetrVG - nicht allgemein zu beantworten. Denn anders als bei der Vorgehensweise nach § 74 I sind beim Einigungsstellenverfahren dritte Personen an der Streitbeilegung beteiligt. Um festzustellen, ob Mediation gegenüber dem Vorgehen nach § 76 BetrVG für Arbeitgeber und Betriebsrat effektiver sein kann, bedarf es eines Vergleichs der Verfahren[400].

a) Gemeinsamkeiten zwischen Einigungsstellenverfahren und Mediation

- Sowohl Einigungsstellenverfahren als auch Mediation sind außergerichtliche Verfahren unter Zuhilfenahme dritter Personen. Beide werden auf Wunsch bzw. Antrag der Parteien eingeleitet.

- Beim Einigungsstellenverfahren sind die Beisitzer paritätisch einzusetzen, § 76 II S. 1 BetrVG; eine gleichstarke Interessenvertretung ist folglich ebenso wie bei Mediation gewährleistet[401]. Der Einigungsstellenvorsitzende ist wie der Mediator neutral, solange es nicht auf seine Entscheidung ankommt[402].

Einigungsstelle hinsichtlich einer Ermessenüberschreitung gerichtlich überprüfbar, § 76 V 3 BetrVG.

398 Dazu: Hennige, Das Verfahrensrecht der Einigungsstelle; Neft/Ocker, Rn.109ff. Außerdem Fiebig, Der Ermessensspielraum der Einigungsstelle.

399 BAG AP Nr.34 zu § 87 BetrVG 1972 (Arbeitszeit), Beschluß vom 18.04.89-1 ABR 2/88; ErfK/Hanau/Kania, § 76 BetrVG, Rn.14; Fitting, § 76 BetrVG, Rn.28; GK-Kreutz, § 76 BetrVG, Rn.76; Richardi, § 76 BetrVG, Rn.83.

400 Ein Vergleich der Verfahren außerdem bei Fischer, DB 2000, S.217ff.; Ponschab/Dendorfer, Beilage zu BB 6/2001, S. 1 (6); Prütting, in: FS f. Hanau, S. 747; Stevens-Bartol, in: Breidenbach/Henssler, S. 142.

401 Dazu Prütting, in: FS f. Hanau, S.747. Zur Auswahl der Beisitzer Neft/Ocker, Rn.82ff.

402 Vgl. Prütting, in: FS f. Hanau, S. 747; *a.A. Stevens-Bartol, in: Breidenbach/Henssler,*

- Sowohl Mediationsvereinbarung als auch der Spruch der Einigungsstelle sind nicht vollstreckbar[403].
- Im Verfahren vor der Einigungsstelle, welches in der Regel seinen Ausgang in Streitigkeiten über mitbestimmungspflichtige Tatbestände hat, wird oftmals nicht nur die mitbestimmungspflichtige Streitfrage entschieden[404]. Meist sind mit der Entscheidung über eine Angelegenheit noch weitere Punkte – nicht mitbestimmungspflichtiger Art - verknüpft, die im Verfahren somit ‚automatisch' mitgeregelt werden[405]. Bei dieser Erweiterung des ‚eigentlichen' Verfahrensgegenstandes[406] und der damit verbundenen Mischung zwischen erzwingbarer und freiwilliger Mitbestimmung liegt eine freiwillige Regelung der Punkte vor, die sich nicht im Bereich der erzwingbaren Mitbestimmung einordnen lassen. In solchen freiwilligen Regelungen liegt eine weitere Ähnlichkeit zu Mediation, bei der die zu regelnden Punkte im Ermessen der Parteien liegen.

b) Unterschiede zwischen Einigungsstellenverfahren und Mediation

Einigungsstellenverfahren	**Mediation**
Gesetzlich geregelt.	Nicht gesetzlich geregelt.
Das Verfahren kann bei erzwingbarer Mitbestimmung auf Antrag einer Seite eingeleitet werden. Können sich die Parteien nicht über die Person des Vorsitzenden oder die Anzahl der Beisitzer einigen, wird der Vorsitzende bzw. die Beisitzer vom Arbeitsgericht bestellt, § 76 II 2, 3 BetrVG	Mediation beginnt durch Entschluß beider Parteien. Diese können sich die Person des Mediators aussuchen.
Obwohl keine abschließende Regelung über den Ablauf des Einigungsstellenverfahrens existiert, besteht Einigkeit über die erforderliche Beachtung von allge-	Zwar ist die Beachtung von allgemeinen Verfahrensgrundsätzen auch bei Mediation wünschenswert[409]. Eine Mißachtung kann jedoch keine gleichartige Un-

S. 143.

403 Da der Spruch der Einigungsstelle lediglich die Einigung der Parteien ersetzt. Vgl. ErfK/Hanau/Kania, § 76 BetrVG, Rn.28; Fitting, § 76 BetrVG, Rn.70; GK-Kreutz, § 76 BetrVG, Rn.109; Pünnel, Rn.154; Richardi, § 76 BetrVG, Rn.111.

404 Ponschab/Dendorfer, Beilage zu BB 6/2001, S. 1 (6); Stevens-Bartol, in: Breidenbach/Henssler, S. 143.

405 Dazu Fischer, DB 2000, S. 217 (220); Hennige, S. 153ff.

406 Dessen grundsätzliche Zulässigkeit ist umstritten, vgl. Hennige, S. 274. Neft/Ocker, Rn.171. Außerdem Feudner, DB 1997, S. 826 (828).

meinen Verfahrensgrundsätzen[407]. Ihre Mißachtung kann zur formellen Unrichtigkeit des Spruchs führen[408].	richtigkeit der Mediationsvereinbarung bewirken. Denkbar ist höchstens eine Unwirksamkeit nach §§ 134, 138, 242 BGB.
Der Einigungsstellenvorsitzende ist zwar zunächst neutral, auf seine Entscheidung kommt es jedoch an, wenn bei der Abstimmung der Beisitzer keine Mehrheit zustande kommt[410].	Der Mediator hat keine Entscheidungskompetenz.
Bei Streitigkeiten im Bereich erzwingbarer Mitbestimmung ersetzt der Spruch der Einigungsstelle die Einigung der Parteien. Bei freiwilliger Mitbestimmung können sich die Parteien dem Vorschlag der Stelle unterwerfen[411].	Die Mediationsvereinbarung besitzt nur die Verbindlichkeit, die die Parteien ihr zugestehen. Der Mediator hat streng genommen kein Vorschlagsrecht, dem sich die Parteien unterwerfen können.
Der Spruch der Einigungsstelle ist in Fällen, in denen er die Einigung ersetzt, hinsichtlich Ermessensfehlern gerichtlich überprüfbar, § 76 V 4 BetrVG.	Keine gerichtliche Überprüfung.

407 Insbesondere der Grundsatz des rechtlichen Gehörs. BAG AP Nr. 50 zu § 76 BetrVG 1972, Beschluß vom 11.02.92-1 ABR 51/91 (Das BAG sieht jedoch den Grundsatz des rechtlichen Gehörs nur zwischen den Mitgliedern der Einigungsstelle als zwingend an, nicht jedoch zwischen den Parteien. *a.A. Lit., vgl. Richardi, § 76 BetrVG, Rn. 86*); DKK-Berg, § 76 BetrVG, Rn.62; ErfK/Hanau/Kania,
§ 76 BetrVG, Rn.14; Fitting, § 76 BetrVG, Rn.28; GK-Kreutz, § 76 BetrVG, Rn.77; Hennige, S. 123ff; Neft/Ocker, Rn.111ff.; Pünnel, Rn.49; Richardi, § 76 BetrVG, Rn.86.

408 Vgl. BAG AP Nr. 50 zu § 76 BetrVG 1972, Beschluß vom 11.02. 92-1 ABR 51/91; BAG AP Nr. 1 zu BetrVG 1972 (Einigungsstelle), Beschluß vom 27.06.1995-1 ABR 3/95; Fitting, § 76 BetrVG, Rn.28.

409 Vgl. oben, § 3.

410 Dazu Prütting, in: FS f. Hanau, S. 747; Stevens-Bartol, in: Breidenbach/Henssler, S. 143; Fischer, DB 2000, S. 217 (218).

411 Deshalb wird das freiwillige Einigungsstellenverfahren oft mit Mediation gleichgesetzt. So zum Bespiel bei Fischer, DB 2000, S. 217 (221); Stevens-Bartol, in: Breidenbach/Henssler, S. 144.

Das Einigungsstellenverfahren nimmt darüber hinaus in der Regel mehr Zeit und damit mehr Kosten in Anspruch als ein Mediationsverfahren[412]. Dies gilt insbesondere dann, wenn der Vorsitzende vom Arbeitsgericht bestellt wird.

3) Ergebnis

Die Ausführungen machen die Gegensätzlichkeit der Verfahren in wesentlichen Punkten deutlich. Grundlegend ist dabei die Schlichtungs- *und* Entscheidungsfunktion der Einigungsstelle im Gegensatz zur reinen Vermittlungstätigkeit eines Mediators[413]. Eine generelle Aussage hinsichtlich der Effektivität eines Mediationsverfahrens gegenüber dem Einigungsstellenverfahren bei betriebsverfassungsrechtlichen Streitigkeiten kann jedoch aufgrund des Vergleichs nicht getroffen werden. Es zeigt sich eine Parallelproblematik zum Gütetermin im Individualarbeitsrecht[414]. Ob Mediation in betriebsverfassungsrechtlichen Konflikten von Vorteil ist, kann deshalb nur von der Art des Konflikts abhängig sein.

§ 12 Betriebsverfassungsrechtliche Konflikte

Das Verhältnis zwischen Betriebsrat und Arbeitgeber ist nur in Ansätzen im BetrVG geregelt, zum Beispiel im Grundsatz der vertrauensvollen Zusammenarbeit, der innerbetrieblichen Friedenspflicht und dem Arbeitskampfverbot. Das bedeutet, Arbeitgeber und Betriebsrat haben zum Wohl der Arbeitnehmer und des Betriebes in gegenseitiger ‚Ehrlichkeit und Offenheit' ihre Zusammenarbeit zu gestalten[415]. Rechtlich eingeordnet liegt zwischen Arbeitgeber und Betriebsrat ein kraft Gesetz entstehendes Dauerschuldverhältnis vor[416], welches mit Vorliegen der Voraussetzungen der §§ 1, 7ff. BetrVG beginnt[417]. Arbeitgeber und Betriebsrat können folglich nicht vertraglich auf die Entstehung des Verhältnisses einwirken, insbesondere kann der Arbeitgeber die Bildung eines Betriebsrates nicht verhindern. Das Gleiche gilt für die Beendigung: Das Schuldverhältnis endet nur, wenn der Betrieb nicht mehr besteht oder kein Betriebsrat mehr von der Beleg-

---

412 Dazu Eyer, AuA 2000, S. 308 (310); Redmann, FA 2000, S. 76.

413 DKK-Berg, § 76 BetrVG, Rn.3; MünchArbR/Joost, § 313, Rn.2.

414 Vgl. § 6.

415 BAG AP Nr. 19 zu § 80 BetrVG 1972, Beschluß vom 17.05.83-1 ABR 21/80; ErfK/Eisemann, § 2, Rn.1; Fitting, § 2 BetrVG, Rn.9. Aus dem Grundsatz der vertrauensvollen Zusammenarbeit ergeben sich darüber hinaus Verhaltenspflichten zu gegenseitiger Rücksichtnahme und Legalität. MünchArbR/v.Hoyningen-Huene, § 292 II, Rn.28. Außerdem Adomeit, NJW 2001, S. 1033.

416 BAG AP Nr. 23 zu § 23 BetrVG 1972, Beschluß vom 3.05.94-1 ABR 24/93; Heinze, Beilage 9 zu DB 1983, S. 1 (6); Konzen, ZfA 1985, S. 469 (474); ders., in: FS für Wolf, S. 284; Neumann-Duesberg, NJW 1954, S. 617 (619); v.Hoyningen-Huene, § 4 III; ders., NZA 1989, S. 121 (123); ders., in: FS für Wiese, S. 177.

417 v.Hoyningen-Huene, § 4 III 2.

schaft gewählt wird[418]. Es kann nicht wie andere Schuldverhältnisse aus wichtigem Grund gekündigt werden[419]. Daraus folgt die Unabhängigkeit des Betriebsrates vom Arbeitgeber, die sich zum Beispiel auch aus dem Kündigungsschutz von Betriebsratsmitgliedern gem. § 103 BetrVG, § 15 KSchG ergibt[420]. Das Betriebsverhältnis ist also ein zweiseitiges, unkündbares Rechtsverhältnis, in dem die Parteien zueinander gleichgestellt und voneinander unabhängig sind. Es begründet neben den Pflichten zwischen Arbeitgeber und Betriebsrat selbst auch Schutzpflichten für Dritte, die Belegschaft. Arbeitgeber und Betriebsrat haben in diesem Sinne beispielsweise bei Abschluß einer Betriebsvereinbarung zu berücksichtigen, daß diese gem. § 77 IV S. 1 BetrVG unmittelbar und zwingend auf die Arbeitsverhältnisse des Betriebes wirkt. Dies gilt unabhängig davon, ob der einzelne Arbeitnehmer Kenntnis von der Betriebsvereinbarung hat oder sie für nachteilig hält[421]. Aufgrund der den Parteien obliegenden Arbeitnehmerschutzpflicht, haben sie Betriebsvereinbarungen vereinbar mit höherrangigem Recht zu gestalten[422].

Im Ergebnis spricht der Charakter des Betriebsverhältnisses grundsätzlich für einen Anwendungsbereich von Mediation: Gerade weil Arbeitgeber und Betriebsrat keinen Einfluß auf die Beendigung ihrer rechtlichen Verbindung haben, ist eine Beziehung in dauerhafter Konfliktfreiheit erwünscht[423]. Nachfolgend wird untersucht, für welche betriebsverfassungsrechtlichen Streitigkeiten Mediation tatsächlich eine effektive Lösungsmethode sein kann. Streitigkeiten zwischen Arbeitgeber und Betriebsrat entstehen in der Regel aus den Beteiligungsrechten des Betriebsrates. Hat dieser lediglich ein Anhörungs- oder Vorschlagsrecht (zum Beispiel §§ 92 II, 98 III BetrVG), wird keine große Streitsituation entstehen können, denn der Arbeitgeber hat die Ansicht des Betriebsrates dann lediglich zur Kenntnis zu nehmen[424]. Dagegen enthalten die Bereiche der Mitbestimmung erhebliche Konfliktsituationen.

---

418 Das Betriebsverhältnis wird deshalb teilweise mit einem Verwandtschaftsverhältnis oder einer Erbengemeinschaft verglichen. Heinze, Beilage 9 zu DB 1983, S. 7; v.Hoyningen-Huene § 4 III.

419 Vgl. v.Hoyningen-Huene, NZA 1989, S. 121 (123).

420 DKK-Däubler, Einleitung BetrVG, Rn. 68.

421 Regelungen zwischen Betriebsrat und Arbeitgeber wirken als Gesetz des Betriebes von außen auf die Arbeitsverhältnisse ein, auch wenn die Arbeitnehmer davon keine Kenntnis haben. GK-Kreutz, § 77 BetrVG, Rn.147; Richardi, § 77 BetrVG, Rn.125; v.Hoyningen-Huene, § 4 III 2.

422 ErfK/Hanau/Kania, § 77 BetrVG, Rn.2; Fitting, § 77 BetrVG, Rn.109ff.; Hanau, RdA 1989, S. 207ff.

423 Dazu auch Ponschab/Dendorfer, Beilage zu BB 6/2001, S. 1 (6).

424 ErfK/Hanau/Kania, § 98 BetrVG, Rn.15; GK-Kraft, § 98 BetrVG, Rn.18; Zöllner/Loritz, § 46 I 2.

I) Streitigkeiten über mitbestimmungspflichtige Tatbestände in sozialen Angelegenheiten, § 87 I BetrVG

Die erzwingbare Mitbestimmung durch den Betriebsrat ist dessen höchste Beteiligungsstufe. Sie ist nach h.M. zumindest dann Wirksamkeitsvoraussetzung für zu vereinbarende Regelungsaspekte, wenn es um Maßnahmen geht, die für den Arbeitnehmer belastend sind[425]. Eine Einigung zwischen den Parteien bzw. ein die Einigung ersetzender Spruch ist somit im Rahmen erzwingbarer Mitbestimmung unbedingt erforderlich[426]. Zentrale Norm für das Mitbestimmungsrecht des Betriebsrates ist die Mitbestimmung in sozialen Angelegenheiten gem. § 87 BetrVG, welcher Fragen der betrieblichen Ordnung (Abs. I Nr. 1) der Arbeitszeit (Abs. I Nr. 2, 3), der Lohngestaltung (Abs. I Nr. 10) und ähnliches betrifft[427]. Für die Frage nach der Effektivität von Mediation im Betriebsverhältnis ist zwischen Streitigkeiten über das Bestehen eines Mitbestimmungsrechts und solchen über den Inhalt eines Beteiligungsrechts zu differenzieren.

1) Streit über das Bestehen eines mitbestimmungspflichtigen Tatbestandes

a) Herkömmliche Lösung

Streiten sich Arbeitgeber und Betriebsrat darüber, ob ein mitbestimmungspflichtiger Tatbestand überhaupt vorliegt, kann der Betriebsrat Feststellungsklage nach § 256 ZPO i.V.m. § 2a I Nr. 1 ArbGG darauf gerichtet erheben, das Bestehen des Mitbestimmungsrechts festzustellen[428]. Die Einigungsstelle ist in solchen Fragen unzuständig[429].

---

425 So die st. Rspr. („Theorie der Wirksamkeitsvoraussetzung"): BAG AP Nr. 2 zu § 87 BetrVG 1972 (Arbeitssicherheit), Beschluß vom 24.03.81-1 ABR 32/88; BAGE 53, S. 42 (73), Beschluß vom 16.09.86-GS 1/82; BAG DB 1992, S. 1579 (1588), Beschluß vom 3.12.91-GS 2/90.
Außerdem: DKK-Klebe, § 87 BetrVG, Rn.4; Fitting, § 87 BetrVG, Rn.568; GK-Wiese; § 87 BetrVG, Rn.98ff.; Richardi, § 87 BetrVG, Rn.3.
Allgemein zu § 87 BetrVG: Hanau, Individualautonomie und Mitbestimmung in sozialen Angelegenheiten.

426 Wie diese Einigung zu erfolgen hat, bleibt den Parteien überlassen, vgl. dazu Richardi, § 87 BetrVG, Rn.75ff.

427 Hanau, Beilage 2 zu NZA 1985, S. 3 (12); v.Hoyningen-Huene, § 12 I.

428 v.Hoyningen-Huene, § 6 VII 1.

429 v.Hoyningen-Huene, § 6 VII 1; Sie kann jedoch als rechtliche Vorfrage innerhalb ihrer Zuständigkeit prüfen, ob ein Mitbestimmungsrecht des Betriebsrates überhaupt besteht, BAG AP Nr. 3 zu § 87 BetrVG 1972 (Lohngestaltung), Beschluß vom 22.01.80-1 ABR 48/77.

b) Mediationsbedarf

Zum Beispiel[430]: Arbeitgeber und Betriebsrat haben eine Betriebsvereinbarung geschlossen, nach der jeder Arbeitnehmer für eine Überschreitung der Mindestleistungsgrenze pro Stunde einen bestimmten Betrag als Prämie ausgezahlt bekommt. Der Betriebsrat strebt eine Änderung der Regelung dahingehend an, nicht die einzelnen Arbeitnehmer, sondern die jeweilige Abteilung zu prämieren und diese Sonderzahlung zwischen den Arbeitnehmern der Abteilung aufzuteilen. Er kündigt die Betriebsvereinbarung ordnungsgemäß und legt dem Arbeitgeber einen Vorschlag vor. Dieser ist der Meinung, dem Betriebsrat fehle hier das Mitbestimmungsrecht, da er eine gänzlich andere Regelung als die vorherige anstrebe[431].

Dieses Beispiel fällt inhaltlich unter § 87 I Nr. 10 BetrVG (Fragen der betrieblichen Lohngestaltung). Hier geht es jedoch nicht um den Inhalt einer zu schaffenden Regelung, sondern um die Frage, ob ein Mitbestimmungsrecht in Form eines Initiativrechts des Betriebsrates überhaupt besteht[432]. In einem derartigen Fall kann Mediation keine geeignete Konfliktlösungsmethode sein. Denn bei der Frage, ob ein mitbestimmungspflichtiger Tatbestand vorliegt, bedarf es einer klaren Entscheidung und keiner Verhandlung. Es bestehen gegensätzliche Positionen, die sich nicht durch einen Ausgleich von Interessen vereinen lassen. Mediation ist hier ähnlich wie bei der Frage nach der Wirksamkeit einer Kündigung im Arbeitsverhältnis[433] nicht effektiv.

2) Inhaltliche Fragen der Mitbestimmung

Die Situation ist anders, wenn sich die Parteien über tatsächliche inhaltliche Fragen streiten, zum Beispiel über Regelungen gem. § 87 I Nr. 1 BetrVG, Fragen der betrieblichen Ordnung. Dazu gehört das Arbeitnehmerverhalten (‚Ordnungsverhalten‘)[434] wie beispielsweise Alkoholkonsum im Betrieb[435], Radiohören am Arbeitsplatz[436] usw. In solchen Fällen wissen Arbeitgeber und Betriebsrat um das

---

430 Beispiel nach BAG AP Nr. 1 zu § 87 BetrVG 1972 (Prämie), Beschluß vom 8.12.81-1 ABR 55/79.

431 Bei freiwilligen Leistungen des Arbeitgebers ist das Mitbestimmungsrecht des Betriebsrates eingeschränkt. Er kann nicht aus eigener Initiative die Zweckbestimmung der Leistung ändern. Fitting, § 87 BetrVG, Rn.435ff.; GK-Wiese, § 87 BetrVG, Rn.725; Richardi, § 87 BetrVG, Rn.809/810.

432 Zum Initiativrecht des Betriebsrats vgl.: Friedmann, Das Initiativrecht des Betriebsrates; Richardi, § 87 BetrVG, Rn.65ff.; Wiese, Das Initiativrecht nach dem BetrVG.

433 Vgl. § 7.

434 Vgl.: DKK-Klebe, § 87 BetrVG, Rn.42 ff.; Fitting, § 87 BetrVG, Rn.62ff.; v.Hoyningen-Huene, § 12 I 4; Zöllner/Loritz, § 47, II 1.

435 Glaubitz , BB 1979, S. 579; v.Hoyningen-Huene, § 12 I 4.

436 Hromadka, DB 1986, S. 1573.

bestehende Mitbestimmungsrecht, sie können sich aber nicht auf eine einvernehmliche Regelung einigen.

a) Herkömmliche Lösung

Erzielen Arbeitgeber und Betriebsrat keine Einigung über eine inhaltliche Streitfrage, ersetzt die Einigungsstelle auf einseitigen Antrag die Einigung durch Zwangsschlichtung[437] (§ 87 II BetrVG), die zumindest in Regelungsfragen die Wirkung einer Betriebsvereinbarung hat[438]. Sind die Parteien mit dem Spruch der Einigungsstelle nicht einverstanden, kann auf Antrag einer Seite ein gerichtliches Verfahren angestrebt werden[439].

b) Mediationsbedarf

Angenommen der Arbeitgeber will ein absolutes Alkoholverbot einführen und benötigt dazu die Zustimmung des Betriebsrates nach § 87 I Nr. 1 BetrVG[440]. Dieser stimmt jedoch nicht zu. Er vertritt die Auffassung, Alkohol zumindest dann zuzulassen, wenn zum Beispiel anläßlich eines Geburtstages etwas ‚ausgegeben' wird, da solche Ereignisse zur Verbesserung des Betriebsklimas beitrügen. Arbeitgeber und Betriebsrat haben bereits innerhalb eines Zusammentreffens nach § 74 I BetrVG versucht, eine Einigung zu erzielen. Da dies bisher nicht gelang, plant der Betriebsrat einen Antrag auf Einleitung eines Einigungsstelleverfahrens.

Ob Mediation in einem solchen Fall effektiv sein kann, hängt davon ab, ob sie den Parteien gegenüber dem Einigungsstellenverfahren Vorteile bietet, wobei die Effektivität hier an Kosten, Dauer und Risiko der Parteien gemessen wird.

aa) Kosten und Verfahrensdauer

Die Kosten eines Einigungsstellensverfahrens trägt nach § 76 a I BetrVG der Arbeitgeber[441]. Auch für Mediation zwischen Arbeitgeber und Betriebsrat hat der

---

437 Dazu v.Hoyningen-Huene, § 12 I 4.

438 BAG AP Nr. 1 zu § 87 BetrVG 1972 (Auszahlung), Beschluß vom 8.03.77-1 ABR 33/75; Fitting, § 76 BetrVG, Rn.68; Hanau, Beilage 2 zu NZA 1985, S. 3 (4); Richardi, § 76 BetrVG, Rn.94, ErfK/Hanau/Kania, § 76 BetrVG, Rn.27.
a.A.: GK-Kreutz, der die Wirkung des Spruchs davon abhängig macht, welche rechtliche Wirkung die ersetzte Einigung durch die Parteien gehabt hätte, § 76 BetrVG, Rn.106 und DKK-Berg, § 76 BetrVG, Rn.89.

439 Vgl. dazu MünchArbR/Joost, § 320, Rn.6.

440 LAG München, BB 1976, S. 464, Urteil vom 23.09.75-5 Sa 590/75.

441 Dazu Bengelsdorf, NZA 1989, S. 489ff.; Lunk/Nebendahl, NZA 1990, S. 921ff.; Ziege, NZA 1990, S. 926ff.

Arbeitgeber finanziell aufzukommen, da er gem. § 40 I BetrVG die durch die Tätigkeit des Betriebsrates entstehenden Kosten zu tragen hat und die Lösung einer Streitigkeit zwischen Arbeitgeber und Betriebrat über Mitbestimmungsangelegenheiten im weitesten Sinn zu den Tätigkeiten des Betriebsrates gehört. Die Frage nach der Effektivität von Einigungsstellenverfahren im Vergleich zu Mediation spielt bzgl. der Kosten somit nur für den Arbeitgeber eine Rolle. Dieser kann jedoch durch ein Mediationsverfahren insofern finanzielle Mittel sparen, als dort in der Regel weniger Personen als im Einigungsstellenverfahren beteiligt sind und Mediation in einem kürzeren Zeitraum durchgeführt werden kann[442]. Dies gilt vor allem dann, wenn der Einigungsstellenvorsitzende vom Arbeitsgericht eingesetzt wird.

bb) Risiko

Da die Einigungsstelle entscheidende und nicht nur vermittelnde Funktion übernimmt, besteht für die nicht obsiegende Partei im Gegensatz zur Mediation die Gefahr eines für sie inakzeptablen Einigungsstellenspruchs, den sie dann zeitaufwendig in einem gerichtlichen Verfahren überprüfen lassen müßte[443]. Zwar wird auch im Einigungsstellenverfahren zunächst ein Konsens der Parteien angestrebt[444]; durch die mögliche Erweiterung des Verfahrensgegenstandes durch eine Partei[445] können jedoch letztlich Tatbestände geregelt werden, deren Erörterung sich die andere beispielsweise gar nicht aussetzen wollte[446]. Diese Gefahr besteht bei Mediation nicht, da eine Lösung nur mit Willen von beiden Beteiligten zustande kommt.

c) Ergebnis

Im Ergebnis kann Mediation bei der Lösung von inhaltlichen Fragen der Mitbestimmung eine effektive Methode darstellen. Dies gilt insbesondere im Hinblick auf Kosten und Dauer des Einigungsstellenverfahrens. Auch ist stets zu berücksichtigen, daß die Parteien ihren Konflikt bei einem Meditationsverfahren nicht an dritte Personen abgeben und ihn somit ihrer eigenen Lösung vorbehalten. Hinsichtlich der Praktikabilität und der tatsächlichen Nutzung von Mediation anstelle des Einigungsstellenverfahrens bei betriebsverfassungsrechtlichen Konflikten stellen sich dennoch Probleme: Bei Streitigkeiten über Tatbestände der erzwingbaren Mitbestimmung ist das Einigungsstellenverfahren das gesetzlich vorgesehe-

---

442 Eyer, AuA 2000, S. 308.

443 Zu den Risiken der Einigungsstelle Feudner, DB 1997, S. 826ff; außerdem MünchArbR/Joost, § 320, Rn.6/7.

444 MünchArbR/Joost, § 320, Rn.2. Dies ergibt sich außerdem aus § 112 III BetrVG. Hier ist explizit normiert, daß sie Einigungsstelle eine Einigung der Parteien zu versuchen hat.

445 Vgl. oben, § 11.

446 Feudner, DB 1997, S. 826 (828).

ne Lösungsinstrument. Ähnlich wie bei der Diskussion um § 111 II ArbGG[447] ist hier im Grunde ausreichend für Konfliktlösung durch außergerichtliche Mittel gesorgt. Eine zusätzlich ‚dritte Instanz' im Sinne von Mediation kann zwar von Vorteil sein, sie kann das Verfahren im Bereich der erzwingbaren Mitbestimmung jedoch dann zum Nachteil der Parteien verkomplizieren, wenn sie bei dem Versuch, zu einer Lösung zu gelangen, scheitert. Denn wenn Arbeitgeber und Betriebsrat sich während der Mediation nicht einigen, wird sie zu einer bloßen Verzögerung zwischen Verhandlung, Einigungsstelle und gerichtlichem Verfahren. Diese Gefahr besteht zwar bei sämtlichen Konflikte, in denen ein Mediationsversuch scheitert. Im Bereich des Betriebsverfassungsrechts ist sie jedoch besonders gravierend, da das Einigungsstellenverfahren vor Einleitung des Gerichtsweges in jedem Fall durchgeführt werden muß. Die tatsächliche Gestaltung und Umsetzung einer erforderlichen betrieblichen Regelung kann damit auf unüberschaubare Zeit verschoben werden[448].

II) Streitigkeiten bei freiwilliger Mitbestimmung

Konflikte im Rahmen freiwilliger Mitbestimmung liegen vor, wenn Arbeitgeber und Betriebsrat eine Regelung treffen wollen, die keinem mitbestimmungspflichtigen Tatbestand unterfällt. Sie können beispielsweise freiwillige Betriebsvereinbarungen über Vertragsstrafen[449] oder Altersgrenzen[450] im Betrieb schließen. Für ein solches Vorgehen müssen beide Parteien mit dem Vorhaben einverstanden sein, denn ein Initiativrecht des Betriebsrates oder des Arbeitgebers besteht in diesem Zusammenhang nicht[451]. Gesetzliche Regelungen über freiwillige Betriebsvereinbarungen sind im BetrVG nur unvollständig geregelt, zum Beispiel in § 88 BetrVG, [452].

1) Herkömmliche Lösung

Haben sich Arbeitgeber und Betriebsrat für eine Betriebsvereinbarung im Rahmen des § 88 BetrVG entschieden, können sie sich aber bezüglich ihres tatsächlichen Inhalts nicht einig werden, können sie durch beiderseitigen Antrag die Einigungsstelle hinzuziehen. Denn gem. § 76 VI BetrVG wird die Einigungsstelle im übri-

---

447 Vgl. oben, § 6.

448 Dazu MünchArbR/Joost, der den Sinn des Einigungsstellenverfahrens vor einer gerichtlichen Verhandlung im Hinblick auf die Verzögerung diskutiert, § 320, Rn.6/7.

449 BAG NZA 1992, S. 177, Urteil vom 6.08.91-1 AZR 3/90.

450 Vgl. GK-Kreutz, § 77 BetrVG, Rn.295.

451 GK-Wiese, § 88 BetrVG, Rn.3; Richardi, § 88 BetrVG, Rn.2.

452 Die Regelung des § 88 BetrVG ist nicht abschließend. Vgl.: BAG AP Nr. 46 zu § 77 BetrVG 1972, Beschluß vom 7.11.89-GS 3/85; Fitting, § 88 BetrVG, Rn.2; GK-Wiese, § 88 BetrVG, Rn.7; Richardi, § 88 BetrVG, Rn.6. Zu freiwilligen Betriebsvereinbarungen vgl.: Hempelmann, Die freiwillige Betriebsvereinbarung in Vergangenheit und Gegenwart.

gen nur tätig, wenn beide Seiten es beantragen oder mit ihrem Tätigwerden einverstanden sind. Der Spruch der Einigungsstelle im Rahmen freiwilliger Mitbestimmung ist unverbindlich; er stellt lediglich einen Einigungsvorschlag dar[453]. Bindende Wirkung erlangt er nur, wenn die Parteien sich ihm im voraus unterworfen haben oder ihn nachträglich annehmen, § 76 VI S. 2 BetrVG.

2) Mediationsbedarf

Bei Streitigkeiten im Rahmen freiwilliger Mitbestimmung besteht eine für Mediation vorteilhafte Ausgangslage, denn Arbeitgeber und Betriebsrat wollen sich freiwillig auf eine Regelung einigen. Sie sind also grundsätzlich verhandlungsbereit. Fraglich ist dennoch, ob Mediationsbedarf tatsächlich besteht, denn zwischen Mediation und dem freiwilligen Einigungsstellenverfahren liegen erhebliche Gemeinsamkeiten, die Mediation überflüssig erscheinen lassen:

- Beide Verfahren werden freiwillig durch Zustimmung beider Parteien begonnen.

- Der Spruch bzw. Vorschlag der Einigungsstelle ist nur verbindlich, wenn die Parteien es wünschen. Die Lösung der Streitigkeit bleibt folglich letztendlich wie bei Mediation im Ermessen der Parteien.

Aufgrund dieser Ähnlichkeiten werden das freiwillige Einigungsstellenverfahren und Mediation zum Teil als synonym betrachtet[454]. In gewisser Hinsicht ist dem zuzustimmen. Dennoch ist die Einigungsstelle auch beim freiwilligen Einigungsstellenverfahren keine reine Mediationsinstanz[455], da sie sich im Verfahrensweg von Mediation unterscheidet: Am Ende steht auch bei freiwilligem Einigungsstellenverfahren ein Einigungsvorschlag. Dieser ist bei Mediation vom Mediator nicht zu treffen. Des weiteren können sich die Parteien bei Mediation keinem Ergebnis im voraus unterwerfen. Ein Bedürfnis an Mediation im Bereich von Streitigkeiten bei freiwilliger Mitbestimmung ist dennoch aufgrund der Möglichkeit des Einigungsstellenverfahrens, welches die genannten Ähnlichkeiten zu Mediation aufwirft, zu verneinen. Im Grunde handelt es sich hier jedoch lediglich um eine dogmatische Frage, da Streitigkeiten im Bereich freiwilliger Mitbestimmung ohnehin nur selten zu verzeichnen sind[456].

---

453 Fitting, § 76 BetrVG, Rn.66; v.Hoyningen-Huene, § 6 VII 4.

454 Fischer, DB 2000, S. 217 (221); Stevens-Bartol, in: Breidenbach/Henssler, S. 144.

455 So aber Fischer, DB 2000, S. 217 (221).

456 DKK-Berg, § 76 BetrVG, Rn.13; Pünnel, Rn.53; Stevens-Bartol, in: Breidenbach/Henssler, S.144.

III) Streitigkeiten bei Beteiligung des Betriebsrates in wirtschaftlichen Angelegenheiten, §§ 111 – 113 BetrVG

Gem. §§ 111-113 BetrVG hat der Betriebsrat in einem Betrieb mit mehr als 20 wahlberechtigten Arbeitnehmern ein Mitwirkungsrecht in wirtschaftlichen Angelegenheiten, welches im Vergleich zu den sozialen Angelegenheiten nach § 87 BetrVG schwächer ausgestaltet ist, da die Entscheidungsfreiheit des Unternehmers in vollem Umfang erhalten bleibt[457]. Das Mitwirkungsrecht gilt gem. § 111 BetrVG für geplante Betriebsänderungen, die wesentliche Nachteile für die Belegschaft enthalten; es findet durch Information, Beratung, und Mitbestimmung statt. Streitigkeiten bei wirtschaftlichen Angelegenheiten zwischen Betriebsrat und Arbeitgeber sind in drei Varianten denkbar:

1. Es kann Streit darüber bestehen, ob überhaupt eine Betriebsänderung im Sinne des § 111 BetrVG vorliegt.

2. Es kann streitig sein, welchen Inhalt die Betriebsänderung haben soll (Interessenausgleich).

3. Betriebsrat und Arbeitgeber können darüber uneinig sein, wie die wirtschaftlichen Nachteile der Arbeitnehmer durch die Betriebsänderung auszugleichen sind (Sozialplan).

1) Betriebsänderung

Der Arbeitgeber hat den Betriebsrat umfassend zu informieren und mit ihm zu beraten, wenn er eine Betriebsänderung i.S.d. § 111 BetrVG anstrebt[458]. Verletzt er diese Unterrichtungspflicht, kann ihn eine Bußgeldzahlung gem. § 121 BetrVG treffen. Im Zusammenhang mit geplanten Änderungsmaßnahmen des Arbeitgebers kann es vorkommen, daß der Arbeitgeber eine betriebliche Umstrukturierung vorsieht, die er nicht für eine Betriebsänderung i.S.d. § 111 BetrVG hält. Zum Beispiel: Der Arbeitgeber will in mehreren Abteilungen Einzelbüros in Großraumbüros umgestalten[459]. Der Betriebsrat ist der Ansicht, er habe ein Mitbestimmungsrecht nach § 111 II Nr. 4 (grundlegende Änderung der Betriebsorganisation, des Betriebszwecks oder der Betriebsanlagen). Nach Auffassung des Arbeitgebers liegt hier jedoch gar keine Betriebsänderung vor.

---

457 DKK-Däubler, § 111 BetrVG, Rn.1; Fitting, Vorbem. § 111 BetrVG, Rn.5; GK-Fabricius, § 111 BetrVG, Rn.16. Zöllner/Loritz, § 49.

458 Dazu Hüffner/Kerschner, S. 89ff.; Kraushaar, AiB 1994, S, 289ff; Rumpff/Boewer, S. 252ff.

459 DKK-Klebe, § 111 BetrVG, Rn.82; Vgl. ErfK/Hanau/Kania, § 111 BetrVG, Rn.15.

a) Herkömmliche Lösung

Streiten Arbeitgeber und Betriebsrat darüber, ob es sich bei der vom Arbeitgeber geplanten Maßnahme überhaupt um eine Betriebsänderung handelt[460], kann der Betriebsrat eine gerichtliche Feststellung im Beschlußverfahren dahingehend beantragen, die Verpflichtung des Arbeitgebers zur Unterrichtung des Betriebsrates feststellen zu lassen, womit mittelbar entschieden wird, ob es sich bei der angestrebten Änderung um eine Betriebsänderung handelt[461].

b) Mediationsbedarf

Hier gilt in Bezug auf Mediation das Gleiche wie bei der Frage, ob ein mitbestimmungspflichtiger Tatbestand im Sinne des § 87 I Nr. 1 - 12 BetrVG vorliegt[462]. Die Positionen der Parteien sind zweifelsfrei verteilt; es ist zu klären, ob die geplante Maßnahme des Arbeitgebers eine Betriebsänderung darstellt oder nicht. Eine einvernehmliche Verhandlung ist in diesem Fall ausgeschlossen.

2) Interessenausgleich und Sozialplan

Stellt das Vorhaben des Arbeitgebers eine Betriebsänderung dar, hat er zu versuchen, sich über die Gestaltung bzw. den Inhalt dieser Betriebsänderung mit dem Betriebsrat zu einigen (Interessenausgleich), § 112 I S. 1 BetrVG[463]. Darüber hinaus hat eine Einigung über den Ausgleich von wirtschaftlichen Nachteilen für die Arbeitnehmer zu erfolgen (Sozialplan), § 112 I S. 2 BetrVG[464].

a) Herkömmlicher Lösungsweg

Erzielen Betriebsrat und Arbeitgeber keine Einigung über Interessenausgleich und/oder Sozialplan, können sie einseitig gem. § 112 II S. 1 BetrVG den Präsidenten des Landesarbeitsamtes[465] um Vermittlung ersuchen[466]. Die andere Seite

---

460 Vgl. Beispiele bei Otto, Rn.580ff.

461 BAG AP Nr. 15 zu § 113 BetrVG 1972, Beschluß vom 10.11.87-1 AZR 360/86; DKK-Däubler, § 111 BetrVG, Rn.140; ErfK/Hanau/Kania, § 112 BetrVG, Rn.23; Fitting, § 111 BetrVG, Rn.121ff.; Hüffner/Kerschner, S. 121; MünchArbR/Matthes, § 360, Rn.74; Rumpff/Boewer, S. 318, Rn.189.

462 Vgl. oben, I 1.

463 Fitting, § 111 BetrVG, Rn.5; Hüffner/Kerschner, S. 123ff.; Kraushaar, AiB 1994, S. 296; Richardi, § 112 BetrVG, Rn.15ff.; Rumpff/Boewer, S. 341. Dies ergibt sich auch mittelbar aus § 113 III BetrVG, wonach Ausgleichsansprüche des Arbeitnehmers bestehen, wenn der Unternehmer eine geplante Betriebsänderung durchführt, ohne vorher eine Beratung mit dem Betriebsrat über den Interessenausgleich versucht zu haben.

464 Hüffner/Kerschner, S. 133; Kraushaar, AiB 1994, S. 297; Richardi, § 112 BetrVG, Rn.47ff.; Rumpff/Boewer, S. 355.

465 Damit ist nicht die Person des Präsidenten an sich gemeint. Er kann sich durch Bedienstete seiner Behörde vertreten lassen. Vgl.: DKK-Däubler, § 112, 112a BetrVG, Rn. 4; Hüff-

ist dann aufgrund § 2 S. 1 BetrVG mittelbar verpflichtet, an der Vermittlung teilzunehmen[467]. Der Präsident des Landesarbeitsamtes kann den Parteien keinen bindenden Einigungsvorschlag machen. Ebenso können sie ihn nicht ermächtigen, eine für sie verbindliche Regelung zu treffen[468].

Kommen Betriebsrat und Arbeitgeber durch die Vermittlung nicht zu einer Lösung, können sie - ebenfalls einseitig - die Einigungsstelle anrufen, § 112 II S. 2 BetrVG, wobei sie dieser Vorschläge zur Beilegung der Streitigkeit machen sollen, § 112 III S. 1 BetrVG[469]. Die Einigungsstelle hat zunächst eine Einigung der Parteien zu versuchen, § 112 III S. 2 BetrVG. Finden die Beteiligten auch vor der Einigungsstelle keine einvernehmliche Lösung, hat diese hinsichtlich Interessenausgleich und Sozialplan verschiedene Funktionen: In Bezug auf den Sozialplan kann sie einen Spruch mit verbindlicher Wirkung fällen, (§ 112 IV BetrVG). Im Hinblick auf den Interessenausgleich hat sie lediglich die Möglichkeit, eine unverbindliche Empfehlung aussprechen[470].

b) Mediationsbedarf

Generell sind auch Streitigkeiten bzgl. Interessenausgleich und Sozialplans aufgrund des hohen Verhandlungsbedarfs für einen Lösungsversuch durch Mediation geeignet. Eines solchen Versuches steht jedoch die Vermittlung gem. § 112 II S. 1 BetrVG im Wege. Grundsätzlich ist Mediation neben oder trotz dieser zwar zulässig, da diese lediglich weitere *behördliche* Vermittlung ausschließt[471]. Ein Anwendungsbedarf von Mediation im Rahmen von Streitigkeiten über Interessenausgleich und Sozialplan ist dennoch zu verneinen, da mit § 112 II S. 1 BetrVG bereits eine gesetzliche Möglichkeit eines Vermittlungsverfahrens besteht. Hierbei

---

ner/Kerschner, S. 127.

466 Dazu Hüffner/Kerschner, S.127.

467 DKK-Däubler, § 112, 112a BetrVG, RN.5; Fitting, §§ 112, 112a BetrVG, Rn.15; Hüffner/Kerschner, S. 128; Richardi, § 112 BetrVG, Rn.186.

468 Denn das Gesetz sieht ermächtigt lediglich die Einigungsstelle, verbindliche Regelungen zu treffen. DKK-Däubler, § 112, 112a BetrVG, Rn.4; Fitting, § 112, 112a BetrVG, Rn.15; GK-Fabricius, § 112, 112a BetrVG Rn.133; im Ergebnis ebenso Hüffner/Kerschner, S. 128. *a.A. :Richardi, § 112 BetrVG, Rn.188.*

469 Für den Arbeitgeber ergibt sich eine mittelbare Verpflichtung zur Einleitung eines Einigungsstellenverfahrens aus § 113 BetrVG. DKK-Däubler, § 112, 112a BetrVG, Rn.5; GK-Fabricius, § 112, 112a BetrVG, Rn.134; Hüffner/Kerschner, S. 129. a.A.: Richardi, § 112 BetrVG, Rn.195.

470 BAG AP Nr. 59 zu § 112 BetrVG 1972, Urteil vom 17.09.91-1 ABR 23/91; DKK-Däubler, § 112 BetrVG, Rn.8; Fitting, § 112 BetrVG, Rn.45.

471 Hüffner/Kerschner, S. 127.

handelt es sich zwar nicht um reine Mediation im Sinne ihrer Definition[472], dennoch ist zusätzliche Vermittlung unnötig.

3) Ergebnis

Bei Streitigkeiten über die Mitbestimmung des Betriebsrates in wirtschaftlichen Angelegenheiten besteht kein Anwendungsbedarf für Mediation.

§ 13 Zusammenfassung Mediation im Betriebsverfassungsrecht

1. Mediation neben den gesetzlich geregelten Konfliktlösungsmechanismen ist nicht unzulässig, denn sie steht im Einklang mit Sinn und Zweck des Betriebsverfassungsgesetzes.

2. Die betriebsverfassungsgesetzliche Konfliktlösung setzt ihren Schwerpunkt auf außergerichtliche Vorgehensweise. Hier kommt dem Einigungsstellenverfahren besondere Bedeutung zu. Eine Aussage dahingehend, ob Mediation schon aufgrund der Existenz des Einigungsstellenverfahrens bei betriebsverfassungsrechtlichen Streitigkeiten überflüssig ist, läßt sich jedoch nicht treffen.

3. Die Konfliktsituation Arbeitgeber/Betriebsrat eignet sich wegen der Gleichstellung der Beteiligten und ihrer Unabhängigkeit voneinander grundsätzlich für Mediation. Dennoch ist für sie bei betriebsverfassungsrechtlichen Streitigkeiten nur bedingt Raum:

a) Bei Streitigkeiten über die Frage, ob ein Mitbestimmungsrecht besteht, bedarf es einer gerichtlichen Entscheidung. Die Positionen der Parteien sind hier zu gegensätzlich.

b) Bei Fragen über inhaltliche Regelung einer mitbestimmungspflichtigen Angelegenheit kann Mediation effektiv sein, denn zwischen den Parteien besteht Verhandlungsbedarf.

c) Streitigkeiten im Rahmen freiwilliger Mitbestimmung sind generell für Mediation geeignet.

---

472 Anders Fischer. Er sieht in der Vorgehensweise nach § 112 II BetrVG eine reine Mediationsinstanz. DB 2000, S. 217 (220). Er übersieht dabei zum Beispiel, daß das Vermittlungsverfahren nach § 112 II BetrVG im Gegensatz zu Mediation auch einseitig eingeleitet werden kann.

d) Konflikte bei wirtschaftlichen Angelegenheiten eröffnen keinen Anwendungsbedarf für Mediation, da die einvernehmliche Konfliktbewältigung bzgl. Interessenausgleich und Sozialplan durch außergerichtliches Vorgehen bereits gem. § 112 II S. 1 BetrVG abgedeckt ist.

Der Anwendung von Mediation bei betriebsverfassungsrechtlichen Streitigkeiten steht hauptsächlich das Verfahren der Einigungsstelle im Wege: Zwar ist das betriebsverfassungsrechtliche Grundverhältnis für außergerichtliche Vermittlung geeignet, Mediation neben oder vor Inanspruchnahme der Einigungsstelle kann jedoch als zusätzliches Verfahren die Streitlösung erschweren. Es ist deshalb de lege ferenda zu überlegen, ob die Vorteile von Mediation für das betriebsverfassungsgesetzliche Grundverhältnis zwischen Arbeitgeber und Betriebsrat auf andere Weise als durch ein eigenständiges Mediationsverfahren nutzbar gemacht werden können[473]. Vorstellbar ist zum Beispiel, Mediationselemente im Einigungsstellenverfahren auf folgende Weise zu integrieren: Bei Beginn des Einigungsstellenverfahren könnte zunächst versucht werden, den Konflikt durch Mediation zu lösen, indem der Einigungsstellenvorsitzende eine Vermittlerrolle übernimmt[474]. Schlägt dieser Versuch fehl, könnte die Vermittlung fließend in das eigentliche Einigungsstellenverfahren übergehen, ohne daß nochmals den Sachverhalt erörtert werden müßte. Eine solche Vorgehensweise lehnt sich an § 112 III BetrVG an, wonach die Einigungsstelle bei Streitigkeiten über Interessenausgleich und Sozialplan zunächst eine Einigung der Parteien zu versuchen hat. Erst wenn eine Einigung über den Sozialplan nicht zustande kommt, fällt die Einigungsstelle einen Spruch. Diese Vorgehensweise könnte auf sämtliche Einigungsstellenverfahren übertragen werden. Auch im Zuge der Diskussionen über eine Gesetzesreform des BetrVG[475] werden teilweise ähnliche Vorschläge dahingehend gemacht, mediative Elemente in die Betriebsverfassung zu integrieren. So sieht beispielsweise auch der Reformvorschlag des Bundesarbeitgeberverband Chemie vor, das Einigungsstellenverfahren stärker als auf ein Konsens angelegtes Verfahren zu gestalten[476]. Es bleibt somit festzustellen: Die Entwicklung von Mediation bei betriebsverfassungsrechtlichen Streitigkeiten steht noch in ihren Anfängen. Ob

---

473 Diese Überlegung stellt auch Fischer an, DB 2000, S. 217ff.

474 Fischer weist auf die sich zum Teil deckenden Tätigkeiten des Einigungsstellenvorsitzenden und Mediators hin. DB 2000, S. 217 (221). Ähnlich Prütting, in: FS f. Hanau, S. 747. Im Gegensatz dazu Stevens-Bartol, in: Breidenbach/Henssler, S. 143/144. Vgl. außerdem II 2a) und die Beispiele von innerbetrieblichen Mediationsstellen bei Eyer, AuA 2000, S. 308 (310).

475 Dazu zum Beispiel Adomeit, NJW 2001, S. 1033; Däubler, AuR 2001, S. 1ff.; DGB, NZA 2001, S. 135ff.; Engels/Trebinger, DB 2001, S. 532ff.; Richardi/Annuß, DB 2001, S. 41ff.; Schiefer/Korte, NZA 2001, S. 71ff.

476 „Eine auf Konsens angelegte Betriebsverfassung erfordert es, das Einigungsstellenverfahren stärker als konsensorientiertes Verfahren auszugestalten. Die Einigungsstelle sollte eine vermittelnde Tätigkeit wahrnehmen und damit als Mediation dienen.“ In: Elemente einer zukunftsfähigen Betriebsverfassung. Reformvorschläge des BAVC.

sie jedoch jemals als ein eigenständiges Verfahren neben die oder anstelle der Einigungsstelle tritt, ist zu bezweifeln.

Zusammenfassung / Ausblick

Das Ziel dieser Arbeit war zu untersuchen, inwieweit Mediation als Instrument außergerichtlicher Konfliktlösung im Individualarbeitsrecht und Betriebsverfassungsrecht genutzt werden kann. Das Ergebnis der Untersuchung fällt für beide Bereiche gleichsam negativ aus: Sowohl im Individualarbeitsrecht, als auch im Betriebsverfassungsrecht gibt es zwar Streitsituationen, die sich generell für Mediation eignen. Dennoch besteht für Mediation in beiden Bereichen kaum auszufüllender Raum.

1. Im Individualarbeitsrecht spricht die persönliche Abhängigkeit des Arbeitnehmers vom Arbeitgeber im Hinblick auf die Arbeitsleistung zwar nicht grundsätzlich gegen Mediation im Arbeitsverhältnis. Da der Arbeitnehmer in einer Konfliktsituation realistisch betrachtet jedoch keine Möglichkeit hat, den Arbeitgeber zu Mediation zu veranlassen, wird diese lediglich dann stattfinden, wenn der Wunsch nach ihr vom Arbeitgeber ausgeht. Da es für diesen jedoch in der Mehrheit der Fälle unkomplizierter ist, eine Inhaltsstreitigkeit beispielsweise im Rahmen seines Direktionsrechts selbst zu entscheiden, wird sich Mediation im Individualarbeitsrecht nicht oder nur wenig etablieren.

2. Das Verhältnis zwischen Arbeitgeber und Betriebsrat stellt eine grundsätzlich vorteilhafte Ausgangslage für Mediation dar. Darüber hinaus eignen sich die Mehrheit der Konflikte innerhalb des Betriebsverhältnisses für einen mediativen Lösungsversuch. Der tatsächlichen Anwendung von Mediation steht jedoch die Existenz des Einigungsstellenverfahrens entgegen, welches bereits ein gesetzlich vorgesehenes außergerichtliches Verfahren ist. Mediative Elemente können hier lediglich in die schon bestehende betriebliche Streitlösung integriert werden.

Im Ergebnis kann Mediation im Arbeitsrecht keine Alternative zu herkömmlicher Streitlösung darstellen, sondern lediglich eine Ergänzung im Sinne einer zusätzlichen Wahlmöglichkeit für die Parteien bzw. einer integrativen Lösung innerhalb herkömmlicher Konfliktbeilegung[477]. Sie vermag das Güteverfahren bei der Beilegung individualarbeitsrechtlicher Streitigkeiten ebenso wenig wie das Einigungsstellenverfahren bei betriebsverfassungsrechtlicher Konfliktlösung zu erset-

---

477 Ähnlich Breidenbach, in: Breidenbach/Henssler, S. 10.
So kann es von Vorteil sein, Mediationselemente im Gerichtsverfahren zu integrieren und so die Vorteile von Mediation nutzbar zu machen. Vgl. den Gesetzesentwurf BT-Dr 14/3750 mit Auseinandersetzung von Musielak, NJW 2000, S. 2769ff.

zen. Mediation darf aus diesem Grund nicht als „Zauberformel“ zur Lösung arbeitsrechtlicher Konflikte verstanden werden[478].

478 Teilweise kommt bei einigen dieser Eindruck auf. Vgl. zum Beispiel Budde, in: Strempel, S. 99ff. Kritisch auch Fischer, DB 2000, S. 217.

Literaturverzeichnis

Adomeit, Klaus: Betriebsräte – noch zeitgemäß? NJW 2001, S. 1033.

Altenhoff, Rudolf/Busch, Hans/Chemnitz, Jürgen: Rechtsberatungsgesetz. 10. Auflage, Münster 1993.

Altmann, Gerhard/Fiebiger, Heinrich/Müller, Rolf: Mediation: Konfliktmanagement für moderne Unternehmen. Weinheim, Basel 1999.

Ascheid, Reiner: Kündigungsschutzrecht: die Kündigung des Arbeitsverhältnisses. Stuttgart, Berlin, Köln 1993.

Ders./Preis, Ulrich/Schmidt, Ingrid: Großkommentar zum Kündigungsrecht. München 2000.

Ders./Bader, Peter/Dörner, Hans-Jürgen/Leinemann, Wolfgang/Stahlhacke, Eugen, Wenzel, Leonard: Gemeinschaftskommentar zum Arbeitsgerichtsgesetz. Loseblattsammlung, Neuwied 1991.

Bastine, Reiner/Link, Gabriele/Lörch, Bernhard: Bedeutung, Evaluation, Indikation und Rahmenbedingungen von Scheidungsmediation. In: Duss–von–Werdt/Mähler/Mähler (hrsg.), S. 187.

Bartenbach, Kurt/Volz, Franz-Eugen: Arbeitnehmererfindungsrecht. Neuwied, Kriftel, Berlin 1999.

Baumbach, Adolf/Lauterbach, Wolfgang/Albers, Jan/Hartmann, Peter: Zivilprozeßordnung, Kommentar. 59. Auflage, München 2001.

Becker, Friedrich u.a.: Gemeinschaftskommentar zum Kündigungsschutzgesetz. 5. Auflage, Neuwied, Kriftel, 1998.

Bengelsdorf, Peter: Die Vergütung der Einigungsstellenmitglieder. NZA 1989, S. 489.

Berger-Delhey, Ulf: Die Leistungs- und Weisungsbefugnis des Arbeitgebers. DB 1990, S. 2266.

Berkowsky, Wilfried: Die personen- und verhaltensbedingte Kündigung: eine umfassende Darstellung unter Berücksichtigung des Betriebsverfassungsrechts und des Arbeitsgerichtsverfahrens. 3. Auflage, München 1997.

Ders.: Die betriebsbedingte Kündigung: eine umfassende Darstellung unter Berücksichtigung des Betriebsverfassungsrechts und des Arbeitsgerichtsverfahrens. 4. Auflage, München 1997.

Bieler, Frank/Hage, Marion/Heilmann, Joachim: Neue Wege bei der Streitschlichtung im Betrieb. AiB 1998, S. 677.

Blankenburg, Erhard/Gottwald, Walther/Strempel, Dieter: Alternativen zur Ziviljustiz. Köln 1982.

Boewer, Dietrich: Das Initiativrecht des Betriebsrates in sozialen Angelegenheiten. DB 1973, S. 522.

Böttner, Walter: Das Direktionsrecht des Arbeitgebers. Marburg, 1971.

Brandes, Wolfgang: Ökonomische Analyse des arbeitsrechtlichen Begriffs der Unselbständigkeit - dargelegt an den Besonderheiten der Heimarbeit. ZfA1986, S. 449.

Breidenbach, Stephan: Mediation - Struktur, Chancen und Risiken von Vermittlung im Konflikt. Köln 1997.

Ders.: Mediation - Komplementäre Konfliktbehandlung durch Vermittlung. In: Breidenbach/Henssler (hrsg.), S. 1.

Ders.: Komplementäre Konfliktbehandlung durch Vermittlung. AnwBl 1997, S. 523.

Ders./Henssler, Martin: Mediation für Juristen. Köln 1997.

Breisig, Thomas: Betriebliche Konfliktregulierung durch Beschwerdeverfahren in Deutschland und in den USA. München und Mering 1996.

Brill, Werner: Die monatlichen Besprechungen von Arbeitgeber und Betriebsrat. BlStSozArbR 1985, S. 85.

Brockhaus-Enzyklopädie, 24. Band, 19. Auflage, Mannheim 1991.

Budde, Andrea: Mediation im Arbeitsrecht in: Henssler/Koch (hrsg.), § 15.

Dies.: Mediation in Wirtschaft und Arbeitswelt. In: Strempel (hrsg.), S. 99.

Büchting, Hans-Ulrich/Heussen, Benno: Beck'sches Rechtsanwalts-Handbuch 1999/2000. 6. Auflage, München 2000.

Conze, Peter: Zur Zulässigkeit von Betriebsvereinbarungen für AT-Angestellte über materielle Arbeitsbedingungen. DB 1978, S. 490.

Däubler, Wolfgang: Mobbing und Arbeitsrecht. BB 1995, S. 1347.

Ders.: Grundstrukturen der Betriebsverfassung. AuR 1982, S. 6.

Ders.: Eine bessere Betriebsverfassung? Der Referentenentwurf zur Reform des Betriebsverfassungsgesetzes. AuR 2001, S. 1.

Ders./Kittner, Michael/Klebe, Thomas: Betriebsverfassungsgesetzkommentar. 7. Auflage, Frankfurt am Main 2000.

Derleder, Peter: Arbeitsverhältnis und Gewissen. AuR 1991, S. 193.

DGB: Der Reformentwurf eines Gesetzes zur Reform des Betriebsverfassungsgesetzes. NZA 2001, S. 135.

Dieterich, Thomas/Hanau, Peter/Schaub, Günter: Erfurter Kommentar zum Arbeitsrecht. 2. Auflage, München 2001.

Diez, Hannelore: Was ist Mediation? Praktische Gebrauchsanleitung eines außergerichtlichen Vermittlungsverfahrens. In: Krabbe (hrsg.), S. 109.

Dorndorf, Eberhard: Heidelberger Kommentar zum Kündigungsschutzgesetz. 4. Auflage, Heidelberg 2001.

Dreier, Horst: Grundgesetzkommentar Band I, Art 1-19 GG. Tübingen 1996.

Ders.: Grundgesetzkommentar Band II, Art 20-82 GG. Tübingen 1998.

Duss-von-Werdt, Josef/Mähler, Gisela/Mähler, Horst: Mediation - Die andere Scheidung Stuttgart, 1995.

Duve, Christian: Alternative Dispute Resolution (ADR) - die außergerichtliche Streitbeilegung in den USA. Beilage 10 zu BB 1998, S. 9.
Ders.: Was ist eigentlich Alternative Dispute Resolution (ADR)? Überblick über die außergerichtliche Streitbeilegung in den USA Beilage 9 zu BB 1998, S. 15.
Ders.: Mediation und Vergleich im Prozeß. Köln 1999.
Ders.: Eignungskriterien für Mediation. In: Henssler/Koch (hrsg.), § 4.
Ders: Rechtsberatung durch Mediation im Spiegel der Rechtssprechung. BB 2001, S. 692.

Ehmann, Horst/Schmidt, Benedict: Betriebsvereinbarungen und Tarifvertrag. NZA 1995, S. 193.
Eichele, Karl: Obligatorische vorgerichtliche Schlichtung? ZRP 1984, S. 393.
Eidenmüller, Horst: Prozessrisikoanalyse. ZZP 2000, S. 5.
Ders.: Ökonomische und spieltheoretische Grundlagen von Verhandlung / Mediation. In: Breidenbach/Henssler (hrsg.), S. 31.
Ders.: Verhandlungsmanagement durch Mediation. In: Henssler/Koch (hrsg.), § 2.
Ders.: Vertrags- und Verfahrensrecht der Wirtschaftsmediation. Köln 2001.
Engels, Gert/Trebinger, Yvonne/Löhr-Steinhaus, Wilfried: Regierungsentwurf eines Gesetz zur Reform des Betriebsverfassungsgesetzes. DB 2001, S. 532.
Eyer, Eckhard: Alternative Strategie zur Konfliktlösung. AuA 2000, S. 308.

Felstiner, William L. F./Williams, Lynn E. A.: Mediation as an Alternative to Criminal Prosecution: Ideology and Limitations Jahrbuch für Rechtssoziologie und Rechtstheorie, Band 6, S. 195.
Feudner, Bernd W.: Die betriebliche Einigungsstelle – ein unkalkulierbares Risiko. DB 1997, S. 826.
Fischer-Zernin, Vincent/Junker, Abbo: Arbitration and Mediation: Synthesis or Antithesis? Journ.int.Arbitration, 1988, S. 21.
Fisher, Roger/Ury, William/Patton, Bruce: Das Harvard-Konzept. Sachgerecht verhandeln - erfolgreich verhandeln. 17. Auflage, Frankfurt am Main 1998.
Fitting, Karl/Kaiser, Heinrich/Heither, Friedrich/Engels, Gerd: Betriebsverfassungsgesetz Handkommentar, 20. Auflage, München 2000.
Flume, Werner: Die Vereinsstrafe. In: Festschrift für Eduard Bötticher, S. 101.
Friedmann, Michel: Das Initiativrecht des Betriebsrates, Frankfurt am Main, 1994.
Frommel, Monika: Entlastung der Gerichte durch Alternativen zum zivilen Justizverfahren? ZRP 1983, S. 31.

Gamillscheg, Franz: Arbeitsrecht I (Prüfe Dein Wissen), 7. Auflage, München 1987.
Gassner, Hartmut: Mediation: Verhandlung als Mittel zur Konsensfindung bei Umweltstreitigkeiten. Bonn 1992.

Gaugler, Eduard (hrsg.): Handwörterbuch des Personalwesens (Enzyklopädie der Betriebswirtschaftslehre Band V). Stuttgart 1975.

Germelmann, Claas-Hinrich/Matthes, Hans-Christoph/Prütting, Hanns: Arbeitsgerichtsgesetzkommentar, 3. Auflage, München 1999.

Gessner, Volkmar/Falke, Josef: Konfliktnähe als Maßstab für gerichtliche und außergerichtliche Streitbehandlung. In: Blankenburg/Gottwald/Strempel (hrsg.), S. 289.

Glaubitz, Werner: Alkohol im Betrieb. BB 1979, S. 579.

Gottwald, Walther: Modelle der freiwilligen Streitschlichtung unter besonderer Berücksichtigung der Mediation. WM 1998, S. 1257.

Ders.: Mediation in den USA – ein Wegweiser. In: Henssler/Koch (hrsg.), § 6.

Götz, Hilmar: Berufsbildungsrecht. München 1992.

Gralka, Peer: Mobbing und Arbeitsrecht. BB 1995, 2651.

Grilli, Peter J.: Vom Anwalt zum Schlichter - Ein amerikanischer Mediator berichtet - AnwBl 1997, S. 533.

Groth, Klaus-Martin/v. Bubnoff, Daniela: Gibt es gerichtsfeste Vertraulichkeit bei der Mediation? NJW 2001, S. 338.

Grotmann-Höfling, Günter: Strukturanalyse des arbeitsgerichtlichen Rechtsschutzes. Frankfurt am Main, 1995.

Gruber, Wolfgang: Die Schiedsgerichtsbarkeit in Arbeitsstreitigkeiten in den USA und in Deutschland. München 1998.

Grunewald, Benno: Das Kündigungsschutzrecht zwischen Theorie und Praxis Argumente für ein anderes Kündigungsschutzgesetz. ZRP 1996, S. 472.

Grunsky, Wolfgang: Die Schlichtung arbeitsrechtlicher Streitigkeiten und die Rolle der Gerichte. NJW 1978, S. 1832.

Ders.: Arbeitsgerichtsgesetzkommentar, 7. Auflage, München 1995.

Günter, Klaus/Hoffer, Heike: Mediation im Zivilrecht, insbesondere Wirtschaftsrecht In: Henssler/Koch (hrsg.), § 11.

Haffke, Bernhard: Legalität von Mediation im deutschen Rechtsraum. In: Duss von Werdt/Mähler/Mähler (hrsg.), S. 65.

Haft, Fridjof: Verhandeln - Die Alternative zum Rechtsstreit. München 1992.

Ders.: Intuitives und rationales Verhandeln. Beilage 10 zu BB 1998, S. 15.

Hage, Marion/Heilmann, Joachim: Perspektiven für die betriebliche Konfliktbewältigung. AuA 1997, S. 339.

Hallmen, Bettina: Die Beschwerde des Arbeitnehmers als Instrument innerbetrieblicher Konfliktregelung. Frankfurt am Main 1997.

Hanau, Peter: Probleme der Ausübung des Mitbestimmungsrechts des Betriebsrats. Beilage 2 zu NZA 1985, S. 3.

Ders.: Rechtswirkungen der Betriebsvereinbarung. RdA 1989, S. 207.

Ders.: Methoden der Auslegung des BetrVG. In: Festschrift für Albrecht Zeuner, Tübingen 1994, S.53.

Hartmann, Peter: Das neue Gesetz zur Förderung der außergerichtlichen Streitbeilegung. NJW 1999, S. 3745.
Hauck, Friedrich: Kommentar zum Arbeitsgerichtsgesetz. München 1996.
Häusele, Harald: Weisung und Gewissen im Arbeitsrecht. Oder: Weshalb der Arbeitnehmerbegriff Gewissensfreiheit enthält. Konstanz 1989.
Haynes, John M.: Mediation: Basisinformation für Interessierte. In: Krabbe (hrsg.), S. 133.
Hehn, Marcus: Nicht gleich vor den Richter. Bochum 1996.
Ders./Rüssel, Ulrike: Institutionen im Bereich der Mediation in Deutschland. NJW 2001, S. 347.
Heinze, Meinhard: Verfahren und Entscheidung der Einigungsstelle, RdA 1990, S. 262.
Ders.: Die betriebsverfassungsrechtlichen Ansprüche des Betriebsrates gegenüber dem Arbeitgeber. Beilage 9 zu BB 1983, S. 1.
Hempelmann, Gerrit: Die freiwillige Betriebsvereinbarung in Vergangenheit und Gegenwart. Frankfurt am Main 1997.
Henkel, Wolfram: Elemente der Mediation im arbeitsgerichtlichen Verfahren, dargestellt am Modell des Kündigungsschutzprozesses. NZA 2000, S. 929.
Hennige, Susanne: Das Verfahrensrecht der Einigungsstelle. Köln 1996.
Henssler, Martin/Koch, Ludwig: Mediation in der Anwaltspraxis. Bonn 2000.
Ders./Prütting, Hanns: Bundesrechtsanwaltsordnung. München 1997.
Herschel, Wilhelm: Die Einigungsstelle und ihre Kosten. DB 1982, S. 1984.
Hess, Harald/Schlochhauer, Ursula/Glaubitz, Werner: Kommentar zum BetrVG. 5. Auflage, Berlin 1997.
Heuberger, Georg: Sachliche Abhängigkeit als Kriterium des Arbeitsverhältnisses Königsstein/TS 1982.
Hillebrecht, Wilfried: Die „Prinzipien des Kündigungsrechts bei Arbeitsverhältnissen" und die Kündigungsrechtsprechung des Bundesarbeitsgerichts. ZfA 1990, S. 87.
Hoffmann–Riem, Wolfgang: Konfliktbewältigung einer angebotsorientierten Rechtsschutzordnung. ZRP 1997, S. 191.
Holznagel, Bernd: Mediation im Verwaltungsrecht. In: Breidenbach/Henssler (hrsg.), S. 147.
Hölzenbein, Sabine: Familienmeditation- Ein Gebiet nur für Psychologen und Sozialpädagogen? MDR 1997, S. 415.
Hoyningen-Huene, Dagmar, von: Mediation - Eine Alternative zum gerichtlichen Verfahren. JuS 1997, S. 352.
Hoyningen-Huene, Gerrick von: Betriebsverfassungsrecht. 4. Auflage, München 1998.
Ders.: Kündigungsschutzgesetz Kommentar, 12. Auflage, München 1997.
Ders.: Streitschlichtung im Betrieb. NZA 1987, S. 577.

Ders.: Grundfragen der Betriebsverfassung: Mitbestimmung – Betriebsrat – Betrieb - Betriebszugehörigkeit. In: Festschrift für Eugen Stahlhacke, Neuwied, Kriftel, Berlin 1995, S. 173.
Ders.: Die Abmahnung im Arbeitsrecht. RdA 1990, S. 193.
Ders.: Das Betriebsverhältnis. NZA 1989, S. 121.
Ders.: Das „Betriebsverhältnis" als Grundbeziehung im Betriebsverfassungsrecht. In: Festschrift für Günther Wiese, Neuwied, Kriftel 1998, S. 175.
Ders./Boemke, Burkhard: Die Versetzung. Heidelberg 1991.
Hromadka, Wolfgang: Das allgemeine Weisungsrecht. DB 1995, S. 2601.
Ders.: Kanari im Betrieb. DB 1986, S. 1573.
Hueck, Alfred/Hoyningen-Huene, Gerrick, von: Kündigungsschutzgesetz. 12. Auflage, München 1997.
Hueck, Götz: Einige Gedanken zum Begriff des Arbeitnehmers. RdA 1969, S. 216.
Hüffner, Michael/Kerschner, Helmut: Die Beteiligungsrechte des Betriebsrates im wirtschaftlichen Bereich. Berlin 1981.
Hurlebaus, Horst–Dieter: Schlichtungsverfahren, Kündigungsschutzgesetz und Reform des Berufsbildungsgesetzes. BB 1975, S. 1533.

Joost, Detlev: Arbeitnehmerbegriff, Scheinselbständigkeit und Weisungsrecht. In: Festschrift für Günther Wiese, Neuwied, Kriftel 1998, S. 191.

Kirchner, Dieter: Vereinbarte Schlichtung und vereinbarte Schiedsgerichtsbarkeit Abgrenzungsprobleme. RdA 1966, S. 1.
Kirsch, Werner/Esser, Werner-Michael: Konflikte im Betrieb/Konfliktbehandlung im Betrieb. In Gaugler (hrsg.)
Kissel, Otto Rudolf: Methoden der Beilegung kollektiver Interessenstreitigkeiten. RdA 1991, S. 321.
Kissel, Rudolf: Arbeitsrecht und Meinungsfreiheit. NZA 1988, S. 145.
Kittner, Michael/Däubler, Wolfgang/Zwanziger, Bertram: Kündigungsschutzrecht. Kommentar für die Praxis. 4. Auflage, Köln 1999.
Knorr, Gerhard/Bichlmeier, Gerd/Krauhelmer, Hans: Handbuch des Kündigungsrechts. 4. Auflage, München 1998.
Koch, Ludwig: Vertragsgestaltungen in der Mediation. In: Henssler/Koch (hrsg.), § 8.
Ders.: Einführung. In: Henssler/Koch (hrsg.), § 1.
Konzen, Horst: Privatrechtssystem und Betriebsverfassung. ZfA 1985, S. 469.
Kort, Michael: Inhalt und Grenzen der arbeitsrechtlichen Personenfürsorgepflicht. NZA 1996, S. 854.
Krabbe, Heiner: Scheidung ohne Richter - Neue Lösungen für Trennungskonflikte. Hamburg 1995.

Kraushaar, Bernhard: Beteiligungsrechte bei Betriebsänderungen. AiB 1994, S. 289.
Kröll, Stefan: Das neue deutsche Schiedsrecht vor den staatlichen Gerichten. Entwicklungslinien und Tendenzen 1998 - 2000. NJW 2001, S. 1173.

Langer, Karl A.: Schiedsgerichte in Arbeitssachen. In: Festschrift zum 100 jährigen Bestand des Deutschen Arbeitsgerichtsverbandes. Neuwied, Kriftel, Berlin 1994.
Larenz, Karl/Wolf, Manfred: Allgemeiner Teil des Bürgerlichen Rechts. 8. Auflage, München 1997.
Leep, Hermann: Entlastung der Justiz - Notwendigkeit, Gefahren, Chancen. Beilage 10 zu BB 1998, S. 3.
Lepke, Achim: Zur Rechtsnatur der Klagefrist des § 4 KSchG. DB 1991, S. 2034.
Ders.: Trunksucht als Kündigungsgrund, DB 2001, S. 269.
Leutheusser-Schnarrenberger, Sabine: Wege zur Justizentlastung. NJW 1995, S. 2441.
Lörcher, Gino: Das neue Recht der Schiedsgerichtsbarkeit. DB 1998, S. 245.
Löwisch, Manfred: Arbeitsrecht. 4. Auflage, Düsseldorf 1996.
Ders.: Kommentar zum Kündigungsschutzgesetz. 8. Auflage, Heidelberg 2000.
Ders.: Arbeitskampf und Schlichtungsrecht, Heidelberg 1997.
Lücke, Oliver: Unter Verdacht: die Verdachtskündigung. BB 1997, S. 1842.
Lunk, Stefan/Nebendahl, Mathias: Die Vergütung der außerbetrieblichen Einigungsstellenbeisitzer.

Maunz, Theodor/Dürig, Günter/Herzog, Roman: Grundgesetzkommentar, Band 2, Art 12a-37 GG. Loseblattsammlung, München 1988.
Mähler, Gisela/Mähler, Hans-Georg: Mediation in Familienkonflikten. In: Breidenbach/Henssler (hrsg.), S. 121.
Dies.: Das Verhältnis von Mediation und richterlicher Entscheidung. Eine rechtliche Standortbestimmung. In: Krabbe (hrsg.), S. 148.
Dies.: Streitschlichtung - Anwaltssache, hier: Mediation. NJW 1997, S. 1262.
Dies.: Mediation im Spektrum außergerichtlicher Konfliktlösung. AnwBl 1997, S. 535.
Mengel, Anja: Mediation für Juristen: Kongreßbericht. AuA 1996, S. 491.
Moritz, Klaus, Grenzen der Verdachtskündigung. NJW 1978, S. 402.
Münch, Ingo von/Kunig, Philip: Grundgesetzkommentar Band 1, Art 1-19. 5. Auflage, München 2000.

Neft, Hans/Ocker, Andreas: Die Einigungsstelle im Betriebsverfassungsrecht. 2. Auflage, München 1995.
Neuman–Duesberg, Horst: Das Rechtsverhältnis zwischen Betriebsrat und Arbeitgeber und die Betriebshaftung. NJW 1954, S. 617.

Oetker, Hartmut: Der Wiedereinstellungsanspruch des Arbeitnehmers bei nachträglichem Wegfall des Kündigungsgrundes. ZIP 2000, S. 643.
Ortloff, Karsten–Michael: Richterauftrag und Mediation. In: Breidenbach/Henssler (hrsg.), S. 111.

Palandt, Otto: Bürgerliches Gesetzbuch. 60. Auflage, München 2001.
Passavant, Oliver: Mittlerunterstützende Kooperation in Verwaltungsprojekten. DÖV 1987, S. 516.
Piehl, Hansjörg: In England und Wales gilt ein neues Zivilprozeßrecht. FAZ vom 11.06. 1999, S. 22.
Ponschab, Reiner/Dendorfer, Renate: Mediation in der Arbeitswelt – eine ökonomisch sinnvolle Perspektive. Beilage zu BB 6/2001, S. 1.
Posselt, Birgit: Die Reform der Betriebsverfassung. ZRP 2001, S. 176.
Preibisch, Wolfgang: Außergerichtliche Vorverfahren in Streitigkeiten der Zivilgerichtsbarkeit. Berlin 1982.
Preis, Ulrich: Die verhaltensbedingte Kündigung. DB 1990, S. 630ff. und 685 ff.
Preussner, Mathias: Mediation im öffentlich Recht. In: Henssler/Koch (hrsg.), § 12.
Proksch, Roland: Die Geschichte der Mediation. In: Krabbe (hrsg.), S. 170.
Ders.: Scheidungsfolgenvermittlung (Divorce Mediation) – ein Instrument integrierter familiengerichtlicher Hilfe. FamRZ 1989, S. 923.
Prütting, Hanns: Streitschlichtung und Mediation im Arbeitsrecht. In: Festschrift für Peter Hanau, Köln 1999, S. 743.
Ders.: Verfahrensrecht und Mediation. In: Breidenbach/Henssler (hrsg.), S. 57.
Ders.: Schlichten statt Richten ? JZ 1985, S. 261.
Pünnel, Leo/Isenhardt, Udo: Die Einigungsstelle des BetrVG 1972. 4. Auflage, Neuwied, Frankfurt 1997.

Ramsauer, Ulrich: Mediation im Umweltrecht. In: Breidenbach/Henssler (hrsg.), S. 161.
Redmann, Britta: Mediation- Erfolgreiche Alternative zur Einigungsstelle? FA 2000, S. 76.
Reimer, Eduard/Schade, Hans/Schippel, Helmut: Das Recht der Arbeitnehmererfindung. 6. Auflage, Berlin 1993.
Reuter, Michael: Die Arbeitsaufgabe und der Arbeitnehmerbegriff. Frankfurt am Main 1985.
Richardi, Reinhard: Betriebsverfassungsgesetz. 7. Auflage, München 1998.
Ders./Annuß, Georg: Neues Betriebsverfassungsgesetz: Revolution oder strukturwahrende Reform? DB 2001, S. 41.
Ders./Wlotzke, Otfried: Münchner Handbuch zum Arbeitsrecht: Band 1, Individualarbeitsrecht. 2. Auflage, München 2000.

Ders./Wloztke, Otfried: Münchner Handbuch zum Arbeitsrecht: Band 2, Individualarbeitsrecht, 2. Auflage, München 2000.
Ders./Wlotzke, Otfried: Münchner Handbuch zum Arbeitsrecht: Band 3, Kollektives Arbeitsrecht I, 2. Auflage, München 2000.
Ricken, Oliver: Grundlagen und Grenzen des Wiedereinstellungsanspruchs. NZA 1998, S. 460.
Risse, Jörg: Wirtschaftsmediation. NJW 2000, S. 1414.
Ders.: Wirtschaftsmediation im nationalen und internationalen Handelsverkehr. WM 1999, S. 1864.
Rosellen, Richard: Mediation: Verfahren zwischen Gesprächstherapie und Hard-Selling. In: Jahrbuch für Rechtssoziologie und Rechtstheorie, Band 6, S. 215.
Röhl, Klaus F.: Erfahrungen mit Güteverfahren. DRiZ 1993, S. 90.
Ders.: Rechtspolitische und ideologische Hintergründe der Diskussion über Alternativen zur Justiz. In: Blankenburg/Gottwald/Strempel (hrsg.), S. 15.
Rühle, Hans Gottlob: Sinn und Unsinn des allgemeinen Kündigungsschutzes in Deutschland. DB 1991, S. 1378.
Rumpf, Klaus/Boewer, Dietrich: Mitbestimmung in wirtschaftlichen Angelegenheiten. 3. Auflage, Heidelberg 1990.
Rüthers, Bernd/Henssler, Martin: Die Kündigung bei kumulativ vorliegenden und gemischten Kündigungssachverhalten. ZfA 1988, S. 44.

Saenger, Ingo: Die Vollstreckung aus Schiedsvergleich und Schiedsspruch mit vereinbartem Wortlaut. MDR 1999, S. 662.
Schaffner, Petra: Mediation für Juristen. Konfliktbehandlung ohne gerichtliche Entscheidung (Veranstaltungsbericht). AnwBl 1997, S. 139.
Schaub, Günter: Die arbeitsrechtliche Abmahnung. NJW 1990, S. 872.
Schiefer, Bernd/Korte, Walter: Der Referentenentwurf eines Gesetzes zur Reform des Betriebsverfassungsgesetzes. NZA 2001, S. 71.
Schmid, Karlheinz: Die Abmahnung und ihre rechtliche Problematik. NZA 1985, S. 409.
Schmidt, Frank H.: Wirtschaftsmediation- die nicht gesehene Chance. Beilage 10 zu BB 1998, S. 6.
Schmidt, Karsten u.a.: Münchner Kommentar zum HGB. München 1996.
Schmidt-Bleibtreu, Bruno/Klein, Franz: Kommentar zum Grundgesetz. 9. Auflage, 1999.
Schmidt–von–Rhein, Georg: Neue Ansätze in der außergerichtlichen Konfliktregelung. ZRP 1984, S. 119.
Schöbel, Heino: Verhandlungsmanagement und Mediation in der Juristenausbildung. JuS 2000, S. 372.
Schwab, Karl–Heinz/Walter, Gerhard: Schiedsgerichtsbarkeit Kommentar. 6. Auflage, München 2000.

Sobota, Katharina/Kracht, Stephan/Michaelis, Lars Oliver: Mediation - alternative Konfliktvermittlung. JA 1999, S. 261.
Söllner, Alfred: Einseitige Leistungsbestimmungen im Arbeitsverhältnis. Wiesbaden 1966.
Ders.: Grundriß des Arbeitsrechts. 12. Auflage, April 1998.
Sowka, Hans-Harald: Kündigungsschutzgesetz. Köln 1996.
Stadler, Astrid: Außergerichtliche obligatorische Streitschlichtung – Chance oder Illusion? NJW 1998, S. 2479.
Stahlhacke, Eugen/Preis, Ulrich: Kündigung und Kündigungsschutz im Arbeitsverhältnis. 6. Auflage, München 1995.
Stevens-Barthol, Eckard: Mediation im Arbeitsrecht. In: Breidenbach/Henssler (hrsg.), S. 141.
Strempel, Dieter: Die außergerichtliche Konfliktlösung (Mediation). ZRP 1998, S. 319.
Ders.: Mediation für die Praxis. Berlin 1998.
Ders.: Mediation in Rechtspflege und Gesellschaft. In: Strempel (hrsg.), S. 7.
Stückemann, Wolfgang: Inhouse-Mediation, Vertrauensbildung statt Kollision, Anwalt 4/2001, S. 16.

Thau, Jens T./Pusch, Tobias: Chancen der Mediation im Arbeitsrecht. AuA 1997, S. 342.
Tomandl, Theodor: Innerbetriebliche Arbeitnehmerkonflikte aus rechtlicher Sicht. Stuttgart - Wien 1977.

Wagner, Gerhard: Obligatorische Streitschlichtung im Zivilprozeß: Kosten, Nutzen, Alternativen. JZ 1998, S. 836.
Ders.: Alternative Streitbeilegung und Verjährung. NJW 2001, S. 182.
Walter, Michael: Mediation im strafrechtlichen Bereich: der Täter – Opfer – Ausgleich. In: Henssler/Koch (hrsg.), § 14.
Ders./Hassemer, Elke/Netzig, Lutz/Petzold, Frauke: Täter – Opfer - Ausgleich. In: Breidenbach/Henssler (hrsg.), S. 201.
Walter, Gerhard: Dogmatik der unterschiedlichen Verfahren zur Streitbeilegung. ZZP 99, S. 142.
Wank, Rolf: Arbeitnehmer und Selbständige. München 1988.
Wegmann, Bernd: Außergerichtliche Streitbeilegung, insbesondere Mediation und Vertragsgestaltung. In: Strempel (hrsg.), S. 29.
Weigand, Frank-Bernd: Alternative Streiterledigung. BB 1996, S. 2106.
Wendeling-Schröder, Ulrike: Gewissen und Eigenverantwortung im Arbeitsleben.BB 1988, S. 1742.
Werner-Schneider, Cornelia: Wer zahlt den Preis für den Gang zum Mediator? Kritische Anmerkungen zum Mediations - Modell. Streit 1991, S. 16.
Wesel, Uwe: Geschichte des Rechts. München 1997.

Ders.: Wenn der Staat verhandelt. Die stille Reform: Das Recht kehrt in die Gesellschaft zurück. DIE ZEIT vom 18.11.1999, S. 57.

Wiese, Günter: Das Initiativrecht nach dem BetrVG. Neuwied 1977.

Worzalla, Michael: Das Beschäftigtenschutzgesetz in der Praxis. NZA 1994, S. 1019.

Zeuner, Albrecht: Überlegungen zum Begriff des Arbeitnehmers und zum Anwendungsbereich arbeitsrechtlicher Regelungen. RdA 1975, S. 84.

Ziege, Hans-Joachim: Der Rechtsanwalt im Einigungsstellenverfahren gem. § 76 BetrVG. NZA 1990, S. 926.

Zippelius, Reinhold: Juristische Methodenlehre. 7. Auflage, München 1999.

Zitscher, Wolfram: Die „vertrauensvolle Zusammenarbeit“ zwischen Betriebsrat und Arbeitgeber. DB 1984, S. 1395.

Zöllner, Wolfgang/Loritz, Karl-Georg: Arbeitsrecht, 5. Auflage, München 1998.

Schriften zum Arbeitsrecht und Wirtschaftsrecht

Herausgegeben von Abbo Junker

Band 1 Christoph-N. Lerche: Der Europäische Betriebsrat und der deutsche Wirtschaftsausschuß. Eine vergleichende Analyse der betrieblichen Mitwirkung der Arbeitnehmer vor dem Hintergrund der Globalisierung der Märkte. 1997.

Band 2 Christian Walter Mecke: Zur rechtlichen Verbindlichkeit kollektiver Vereinbarungen in England. 1997.

Band 3 Katja Francke: Die betriebliche Mitwirkung der Arbeitnehmer in Belgien. Unter Berücksichtigung vergleichender Aspekte zum deutschen Betriebsverfassungsrecht. 1997.

Band 4 Christian Schulze: Die Zulässigkeit einstweiliger Verfügungen gegen Betriebsänderungen. 1998.

Band 5 Stefan Miersch: Die Rechtsfolgen mitbestimmungswidriger Maßnahmen für das Arbeitsverhältnis. Eine zivilrechtsdogmatische Untersuchung. 1998.

Band 6 Heike Wegner: Internationaler Verbraucherschutz beim Abschluß von Timesharingverträgen: § 8 Teilzeitwohnrechtegesetz. 1998.

Band 7 Julia Wichmann: Dienstleistungsfreiheit und grenzüberschreitende Entsendung von Arbeitnehmern. 1998.

Band 8 Johann-Volker Peter: Société par actions simplifiée (S.A.S.). Die Vereinfachte Aktiengesellschaft in Frankreich, eine Rechtsform für die Kooperation von Unternehmen. 1999.

Band 9 Sylvia Schnelle: Der Europäische Betriebsrat in Spanien. Zugleich eine Einführung in das spanische Recht der Arbeitnehmervertretung. 1999.

Band 10 Viktoria Bornhagen: Die Zumutbarkeit als Rechtsgedanke im Arbeitsrecht. 1999.

Band 11 Thorsten Schacht: Der Übereilungsschutz beim arbeitsrechtlichen Aufhebungsvertrag. Arbeitnehmerschutz bereits de lege lata? 2000.

Band 12 Marcus Hellmann: Immobilienkauf nach spanischem Recht. 1999.

Band 13 Nicolaus Johannes Ehinger: Die juristischen Personen des öffentlichen Rechts als herrschende Unternehmen. 2000.

Band 14 Alexander Lentz: Das kollektive Arbeitsrecht der Republik Südafrika. Eine Untersuchung mit Bezügen zum deutschen Recht. 2000.

Band 15 Michaela Brunssen: Der Arbeitgeberverbandswechsel. Tarifrechtliche und arbeitskampfrechtliche Konsequenzen. 2000.

Band 16 Morten Petersenn: Das Recht des Grundstückskaufs in Südafrika. 2000.

Band 17 Stefan Krüger: Die umwandlungsrechtliche Haftungsregelung bei der Betriebsaufspaltung und ihre Analogiefähigkeit. 2001.

Band 18 Jürgen Kitzinger: Der GmbH-Geschäftsführer zwischen Arbeits- und Gesellschaftsrecht. Im Blickpunkt: Zuständigkeit der Arbeitsgerichte. 2001.

Band 19 Anja Ruge: Die Lohnersatzansprüche ehemaliger Zwangsarbeiter gegen deutsche Industrieunternehmen. 2001.

Band 20 Michael Knoll: Die Sozialauswahl im Arbeitsrecht. 2001.

Band 21 Britta Albrecht: Mediation im Arbeitsrecht. Individualarbeitsrecht und Betriebsverfassungsrecht. 2001.

FSC
www.fsc.org
MIX
Papier | Fördert gute Waldnutzung
FSC® C083411

Kolibri 360 GmbH
Ferdinand-Jühlke-Straße 7
99095 Erfurt, Deutschland
produktsicherheit@kolibri360.de

Druck:
CPI Druckdienstleistungen GmbH
im Auftrag der
Kolibri 360 GmbH
Ferdinand-Jühlke-Str. 7
99095 Erfurt